W0198034

Dieser Band erscheint mit freundlicher Unterstützung
der Ostdeutschen Sparkassenstiftung
im Freistaat Sachsen gemeinsam
mit der Stadtsparkasse Dresden.

Kurt Gliemeroth / Roland Puppe

Schlosspark Pillnitz

Ein dendrologischer Führer

Edition Leipzig

Frontispiz: Luftaufnahme Schloss und Park Pillnitz
aus südlicher Richtung

Die Deutsche Bibliothek – CIP-Einheitsaufnahme

Ein Titeldatensatz für diese Publikation ist bei der
Deutschen Bibliothek erhältlich.

ISBN 3-361-00503-5

© 2000 by Edition Leipzig
Die Verwertung der Texte und Bilder, auch auszugsweise,
ist ohne Zustimmung des Rechteinhabers urheberrechtswidrig
und strafbar. Dies gilt auch für Vervielfältigungen,
Übersetzungen, Mikroverfilmung und für die Verarbeitung
mit elektronischen Systemen.

Umschlag und Layout: Atelier für grafische Gestaltung, Leipzig
Zeichnungen: Catrin Lorenz, Frankfurt/Main
Reproduktionen: Förster & Borries, Zwickau
Druck: Jütte Druck, Leipzig
Printed in Germany
Gedruckt auf alterungsbeständigem Papier
mit chlorfrei gebleichtem Zellstoff.

Die Schreibweise folgt den Regeln der neuen Rechtschreibung.

Inhaltsverzeichnis

Vorwort

Die Kunst- und Kulturstadt Dresden wäre ohne ihre Gärten nicht denkbar. Drei ihrer wertvollsten Anlagen, der Große Garten, der Zwinger und das Schloss Pillnitz, befinden sich seit 1993 wieder in der Verwaltung des Freistaates Sachsen. Als Schlossbetrieb Staatliche Schlösser und Gärten Dresden sind sie der Sächsischen Schlösserverwaltung unterstellt und werden unter sachgerechter Berücksichtigung kultureller, denkmalpflegerischer und historischer Belange wirtschaftlich geführt. Das Gesamtkunstwerk Schloss und Park Pillnitz stellt einen besonderen Anziehungspunkt für Besucher dar. Der Reiz des Ensembles, dessen bauliche Gestalt durch chinoise Elemente dominiert wird, liegt nicht allein in der topographischen Lage, sondern vor allem auch in der Vielfalt des erhaltenen gartenkünstlerischen Formenvokabulars. Im Park befindliche Gehölze sind ein wesentliches Bindeglied zwischen Natur und Kultur – eine lebendige Brücke zwischen Vergangenheit und Zukunft. Die vorliegende Publikation ist ganz speziell den wertvollen historischen Gehölzsammlungen der Anlage gewidmet.

Die Mitarbeiterinnen und Mitarbeiter der Staatlichen Schlösser und Gärten Dresden sind mit Engagement und hohem Sachverstand um die Erhaltung der denkmalgeschützten Anlage und eine gute Betreuung der Besucher bemüht. Mit Hilfe dieses dendrologischen Führers kann sich der interessierte Besucher mit den kostbaren Gehölzbeständen des Schlossgartens vertraut machen, wohl wissend, dass jedes einzelne Gehölz als lebender Organismus Bestandteil der Sachgesamtheit ist.

Das vorliegende Verzeichnis wurde 1998/99 neu erstellt, da eine Überarbeitung des Standardwerkes von Hans F. Kammeyer aus dem Jahre 1957 heutigen Ansprüchen nicht gerecht geworden wäre. Die Gehölzbestände haben inzwischen ein hohes Alter erreicht. Eine aktuelle Dokumentation der Wachstumsentwicklung erschien dringend notwendig, auch in Hinblick auf die heutige Gehölzverwendung und die in Dresden konzentrierten Ausbildungsstätten des Garten- und Landschaftsbaus, der Landespflege und der Landschaftsarchitektur. Die erstmals in dieser Fülle vorgelegten Daten dürften für den Laien ebenso von Interesse sein wie für den Berufspraktiker.

Einzelne Bäume haben bereits ihre Altersgrenze erreicht, Ausfälle werden demzufolge in den nächsten Jahren nicht zu verhindern sein. Nur in den seltensten Fällen kann am alten Standort nachgepflanzt werden. Oft sind die Wachstumsbedingungen dort ungünstig, bisweilen stehen Nachpflanzungen auch gartendenkmalpflegerische Prämissen entgegen. Der interessierte Besucher wird um eine freundliche Berücksichtigung dieses Sachverhaltes gebeten. Wie bei allen historischen Gärten sind auch im Schlosspark Pillnitz unterschiedlichste natürliche und kulturelle Entwicklungsphasen nebeneinander zu betrachten.

All denen, die an der Erstellung des dendrologischen Führers beteiligt waren, sei für die tatkräftige Unterstützung gedankt. Herr Dr. Kurt Gliemeroth schuf durch seine Initiative und unermüdlichen Bemühungen die Grundlage für dieses Werk. Herr Dipl.-Forsting. Benito Böhnisch hat durch seine engagierte Mitarbeit wesentlich zum Gelingen des Vorhabens beigetragen. An der Zusammenstellung der Daten waren Studentinnen und Studenten des Fachbereichs Landespflege der HTW Dresden und Mitarbeiter des Referats Gärten der Sächsischen Schlösserverwaltung beteiligt. Ein besonderer Dank gebührt Herrn Prof. Dr. Siegfried Sommer, Herrn Dipl.-Gartenbauing. Rudolf Schröder und Herrn Bernhard Knorr für die fachliche Betreuung des Vorhabens.

Roland Puppe
Leiter des Referates Gärten
der Sächsischen Schlösserverwaltung

Der Schlosspark Pillnitz

Lage, klimatische Bedingungen und geschichtliche Entwicklung

Der 28 ha große Schlosspark Dresden-Pillnitz befindet sich am rechten Elbufer im Ostteil der Landeshauptstadt. Er liegt in der Wanne des oberen Elbtales, die sich zwischen Pirna und Meißen erstreckt. Im Nordosten wird der Pillnitzer Park durch den Steilabfall des Lausitzer Granitmassivs (Borsberg) geschützt. Die Elbe begrenzt ihn auf der Südwestseite. Sie erreicht in Schlossparknähe eine Höhe von 114 m über NN. Die in der Nähe des Parkes befindlichen Weinberge weisen darauf hin, dass Pillnitz mit einer Jahresmitteltemperatur von 9° C in einem verhältnismäßig milden Klimabereich liegt. Es ist aber durchaus auch kontinentalen Klimaschwankungen unterworfen (1959: Maximum +29,9° C, Minimum -28,3° C). Frostschäden an wärmeliebenden Gehölzen sind deshalb nicht auszuschließen. Die mittlere Jahresniederschlagsmenge beträgt 640 mm. Die Böden in der Tallage des Pillnitzer Gebietes setzen sich aus humosen, sandigen Lehmen alluvialer Entstehung zusammen. Anstehende Hangwässer lassen auf einen verhältnismäßig günstigen Grundwasserstand schließen.

Erste Informationen über den Garten stammen aus dem Jahre 1578. Bereits 1609 existierte im Umfeld eines an der Elbe gelegenen Vorgängerbaus des heutigen Schlosses ein kleiner Lustgarten. Die Gutsherrschaft befand sich zu diesem Zeitpunkt in den Händen der Familie von Loß. Im Zusammenhang mit einem Besuch des Kaisers Matthias (1557-1619) ist 1617 von einem »herrlichen Lustgarten« die Rede. Eine aus dem Jahr 1620 stammende Schilderung weist auf umfangreiche Pflanzenbestände und Lusthäuser hin. Über die Nutzung und Entwicklung der Anlage im Verlauf des 17. Jahrhunderts ist kaum etwas bekannt. Grundlegende Umgestaltungen erfolgten erst nach der Übernahme der Besitzung durch die Wettiner im Jahre 1694. Zwischen 1706 und 1718 lag die Gestaltung des Gartens in den Händen der Gräfin Anna Constantia von Cosel (1680-1765), sie hatte Pillnitz von August dem Starken (1670-1733) als Geschenk erhalten. Von ihr wurden die Vorläufer der heutigen Heckengärten, die so genannten Charmillen, angelegt. 1718 fielen Schloss und Garten wieder an den sächsischen Kurfürsten und polnischen König zurück. Er veranlasste von 1720 bis 1730 eine grundlegende Neugestaltung und Erweiterung der Anlage. Die zu diesem Zeitpunkt geschaffene barocke Grundstruktur prägt das Bild des Gartens bis heute. Die Heckengärten und der Große Schlossgarten sind in ihrer Grundform fast vollständig erhalten geblieben. Der Lustgarten und der Spielgarten (heute Nadelgehölzgarten) haben zwar in der nachfolgenden Zeit deutliche Veränderungen erfahren, ihre Axialität ging aber nicht verloren. In der Barockzeit war Pillnitz ein in seiner Art einmaliger Vergnügungspark, eine königliche Spielanlage.

Mit der Entscheidung der Wettiner, Pillnitz als ständigen Sommersitz zu nutzen, waren nach 1768 auch Erweiterungen des Schlossparks verbunden. Der Englische Garten entstand nach 1778 ganz im Geschmack Kurfürst Friedrich Augusts III. (1750–1827). Der Holländische Garten, der von 1800 bis 1867 als »Botanische Schule« bezeichnet wurde, entstand nach 1785 und der Chinesische Garten nach 1790. Von 1798 bis 1832 lag die Betreuung des Schlossparks und der in ihm befindlichen botanischen Sammlungen in den Händen von Hofgärtner Christian Friedrich John (gest. 1832). Nach dessen Tod war der »botanische« Gärtner Johann Gottfried Terscheck (1784–1870) bis 1865 für den Schlosspark zuständig.

Um 1828 wurde der heutige Fliederhof angelegt, die erste Fliederpflanzung wohl 1860. Das nach 1864 angelegte Fährstück sollte die letzte Erweiterung des Schlossparks sein. Peter Joseph Lenné (1789–1866) und Gustav Meyer (1816–1877) waren die Gestalter dieses Bereiches. Der Lustgarten wurde im 19. Jahrhundert mehrmals umgestaltet, seine heutige Form und die Gehölzbepflanzung stammen aus dem Jahre 1867. Bereits ab 1859 erfolgte der Neubau des Palmenhauses. In den Jahren 1867/68 wurde die »Botanische Schule« in einen symmetrischen Blumengarten umgewandelt. Die geplante Vergrößerung des Orangeriepflanzenbestandes machte 1874 den Umbau des Ringrenngebäudes zur Orangerie

erforderlich. Von 1874 bis 1880 erfolgte die Umgestaltung des Spielgartens in einen Nadelgehölzgarten.

Nach 1768 hatten sich die Nutzungsansprüche der Wettiner in Pillnitz zunehmend gewandelt. Unter Kurfürst Friedrich August III., dem späteren sächsischen König Friedrich August I. und seinem Neffen König Friedrich August II. (1797–1854) erlangte die Botanik zunehmende Bedeutung. Aus dem für das Spiel geschaffenen Barockgarten wurde eine königliche Sommerresidenz mit einer kostbaren botanischen Sammlung. Die Kamelie und der unter König Albert (1828–1902) angelegte Nadelgehölzgarten, auch Koniferenhain genannt, sind aus dendrologischer Sicht von besonderer Bedeutung. Hofgartendirektor Gustav Friedrich Krause (1821–1895) war der Gestalter der in der zweiten Hälfte des 19. Jahrhunderts angelegten Bereiche. Nach 1945 kam es nur zu geringfügigen Veränderungen. Es wurden einige dendrologisch interessante Gehölze gepflanzt und die Innenräume der Heckengärten umgestaltet. Johann Karl Friedrich Bouché (1850 bis 1933), Hans Friedrich Karl Kammeyer (1893–1973) und Hermann Schüttauf (1890 bis 1967) haben sich im 20. Jahrhundert sehr intensiv um die Erhaltung des Pillnitzer Schlossparks bemüht.

1922 ging die Anlage in Staatsbesitz über, nach 1945 lag ihre Betreuung in den Händen der Stadt Dresden. Seit 1993 gehören Schloss und Park Pillnitz zur Sächsischen Schlösserverwaltung und sind ein Teil der Staatlichen Schlösser und Gärten Dresden.

Die Gehölze im Pillnitzer Schlosspark

Dresdens Gärten und ihre Gärtner haben die Entwicklung der sächsischen Gartenkultur maßgeblich beeinflusst. Die Gestaltung der einzelnen Gärten wurde, wie auch andernorts üblich, von der gärtnerischen Kunstfertigkeit und dem praktischen Sachverstand der Gärtner geprägt. Bisweilen erlangten naturwissenschaftliche und botanische Interessen vorrangige Bedeutung, stand die Anzucht, Sammlung und Züchtung heimischer und fremdländischer Pflanzen im Mittelpunkt. In Pillnitz ist eine derartige Entwicklung seit 1768 zu verzeichnen. Die von Kurfürst Friedrich August III. angelegten botanischen Sammlungen sind ebenso als Vorläufer des 1815 gegründeten Dresdner Botanischen Gartens anzusehen wie die Sammlungen des Hofgärtners Johann Heinrich Seidel (1744 bis 1815) im Herzogin-Garten. Die so genannte Botanische Schule von Pillnitz stand am Beginn einer bis weit in das 19. Jahrhundert hineinreichenden, naturwissenschaftlich motivierten Erweiterung der Anlage. Mit Kurfürst Friedrich August III. und seinem Neffen, dem späteren König Friedrich August II. (1797-1854), standen zwei hervorragende Naturwissenschaftler an der Spitze des Landes Sachsen. Ihr Leben war geprägt von einem kennerschaftlichen Verhältnis zur Natur, insbesondere zur Pflanzenwelt. Die Begeisterung für den schwedischen Botaniker Carl von

Linné (1707-1778) und dessen Lehre machte beide zu leidenschaftlichen Pflanzensammlern. Die Pillnitzer Centurien, Sammlungen botanischer Zeichnungen, deren zehnte Folge durch den frühen Tod Friedrich Augusts II. unvollendet blieb, sind ein nahezu in Vergessenheit geratenes Zeugnis jenes naturwissenschaftlichen Interesses. Die Pillnitzer Kamelie *(Camellia japonica)*, die heute zu den schönsten ihrer Art in Europa zählt, ist die eindrucksvollste Vertreterin aus der Sammlung des 18. Jahrhunderts. Die etwa gleich alte, große Platane *(Platanus x hispanica)* am Englischen Pavillon erweckt das Staunen der Besucher, wie auch der direkt neben dem Kamelienhaus befindliche Ginkgo *(Ginkgo biloba)*.

Das dendrologische Interesse der Wettiner, das sich in der zweiten Hälfte des 18. Jahrhunderts zunächst auf den Englischen Garten konzentrierte, ist im Verlauf des 19. Jahrhunderts auf den Fliederhof, den Lustgarten, die Koniferensammlung, den Chinesischen Garten und das Fährstück ausgedehnt worden. Der Potsdamer Gartenkünstler Lenné und vor allem Hofgartendirektor Krause waren daran maßgeblich beteiligt. Die Erstbepflanzung des Fliederhofes soll um 1860 erfolgt sein. Die derzeit im Fliederhof befindlichen Hochstämme des Chinesischen Flieders *(Syringa x chinensis)* wurden um 1900 gepflanzt. Die Gehölze stammten möglicherweise aus der

Baumschule Paul Lorenz (1850–1935) in Zwickau, einem Spezialbetrieb für die Anzucht hochstämmiger Flieder. Nach eigenen Angaben (Möller's Deutsche Gärtner-Zeitung, 1/1902) benötigte Lorenz nur drei Jahre für die Produktion bis zu 3 m hoher Fliederstämme nach der Veredlung des Stammbildners auf den Wurzelhals von *Syringa vulgaris*.

Mit der Umgestaltung des Lustgartens begann eine zweite dendrologisch interessante Epoche in Pillnitz. Die gestalterische Grundidee geht auf Peter Joseph Lenné zurück, das detaillierte Bepflanzungskonzept und die Ausführungsunterlagen aber stammen von dem Dresdner Hofgartendirektor Krause. Krause, ein Schüler Lennés, hatte bereits den Königlichen Botanischen Garten und eine private Gärtnerei geleitet, als er 1866 von König Johann (1801–1873) zum Hofgartendirektor ernannt wurde. Fremdländische und dendrologisch interessante Gehölze waren ein prägender Bestandteil des in der zweiten Hälfte des 19. Jahrhunderts typischen »gemischten Stil's«. Die Farnblättrige Rot-Buche *(Fagus sylvatica L. 'Asplenifolia')* ist das prächtigste Exemplar dieser Gestaltungsphase in Pillnitz.

Unter König Albert (1828–1902), dem Nachfolger König Johanns, erreichte die dendrologische Sammelleidenschaft der Wettiner einen letzten Höhepunkt. Die Umgestaltung des ehemaligen Spielgartens zu einer Koniferensammlung erfolgte nach 1874 durch Hofgartendirektor Krause. Zu diesem Zweck wurde die ehemals regelmäßig gestaltete Anlage vollständig verändert. Die zunächst zwischen die Nadelbäume gepflanzten Laubbäume waren als Füll- und Schutzgehölze gedacht; sie wurden jedoch schon recht bald wieder entfernt. Ein Großteil der Nadelgehölze dürfte aus der Baumschule Wilhelm Weiße/Kamenz gekommen sein. Im Jahr 1892 hatte König Albert diese Baumschule besucht und dort eigenhändig eine *Picea pungens 'König Albert'* gepflanzt. 1896 avancierte Wilhelm Weiße (1846–1916) zum königlichen Hoflieferanten. Noch heute können in Kamenz Reste seiner Baumschule und die umfangreichen Pflanzungen am Hutberg besichtigt werden.

Die Betreuung der wertvollen Sammlungen in Pillnitz lag seit 1896 in den Händen Johann Karl Friedrich Bouchés, des Königlichen Obergartendirektors. Im 20. Jahrhundert setzten sich Hermann Schüttauf und Hans F. Kammeyer sehr intensiv für die Pflege und Erhaltung des Gehölzbestandes in Pillnitz ein. An verschiedenen Publikationen und an den in Pillnitz stattfindenden Dendrologentagungen wird das große wissenschaftliche Interesse an den Gehölzbeständen erkennbar. Die Pflanzungen des Urweltmammutbaumes (Dendrologentagung 1953) und des Riesenmammutbaumes (Dendrologentagung 1974) können als Beispiele für Erweiterungs- und Verjüngungsbestrebungen im 20. Jahrhundert genannt werden. Nach wie vor sind jedoch vor allem die alten Gehölzbestände in Pillnitz für den dendrologisch interessierten Besucher von Bedeutung. Sie bieten die vielfältigsten Studien- und Vergleichsmöglichkeiten. Die 1983 von Siegfried Sommer in den »Folia dendrologica« veröffentlichten wissenschaftlichen Untersuchungen sind eine fundierte Grundlage für derartige Betrachtungen.

Dendrologischer Rundgang
durch den Schlosspark

Hinweise zur Benutzung des dendrologischen Führers

Der dendrologisch interessierte Besucher erhält anhand eines Rundganges ausführliche Informationen über die wertvollsten Gehölze des Schlossparks. Der Rundgang ist in sechs Wegabschnitte gegliedert. Diese sind auf dem Übersichtsplan am Ende des Buches in unterschiedlichen Farben dargestellt. Der genaue Wegeverlauf ist Orientierungsplänen zu entnehmen, die den jeweiligen textlichen Beschreibungen vorangestellt sind. Die farbliche Differenzierung erstreckt sich bis hin zur abschnittsweise vorgenommenen Nummerierung der Gehölze im Text. Auf den zusätzlich zu den genannten Orientierungsplänen eingehefteten Detailplänen sind die Nummern der Gehölze angegeben. Der Führer enthält am Schluss zwei Register, die Liste der deutschen Gehölznamen und die Liste der wissenschaftlichen Gehölzbezeichnungen. In diesen Listen wird auf die Seiten verwiesen, auf denen die einzelnen Pflanzen beschrieben

sind. Wird ein bestimmtes Gehölz gesucht, kann anhand der jeweils zugeordneten Nummer in der Beschreibung der entsprechende Standort auf den Detailplänen gefunden werden.

Die Suche nach einzelnen Gehölzen oder die Standortüberprüfung wird durch die Beschilderung vor Ort erleichtert.

Dieser Führer ist kein Bestimmungsbuch. Er enthält keine ausführlichen Beschreibungen der Gehölze. Neben dem deutschen Namen und der wissenschaftlichen Bezeichnung sind Hinweise zur Verbreitung enthalten. Darüber hinausgehende Angaben (Höhe, Stammdurchmesser, Besonderheiten usw.) beziehen sich direkt auf das beschriebene Gehölz oder auf bemerkenswerte Besonderheiten der Art. Die Stammdurchmesser der Gehölze wurden in einem Meter Höhe über dem Stammfuß mit der Kluppe gemessen. Die Höhenermittlung erfolgte mit einem Hypsometer.

 Laubgehölz

 Nadelgehölz

**Blauglockenbaum und Spierstrauch
im Familiengarten**

◌ Abbildungshinweis

1. Teil: Lustgarten

Der Rundgang beginnt vor der Besucherinformation »Alte Wache«. Von dort führt der Weg über eine Rampe zum nordöstlichen Torbogen, dem Eingang zum Lustgarten. Rechts und links des Torbogens sind während der Sommerperiode in der Regel schöne Kübelpflanzen aufgestellt. Beim Durchgang durch den Torbogen richtet sich der Blick des Besuchers auf den Lustgarten und die symmetrisch angeordneten Schlossgebäude – auf das Wasserpalais, das Bergpalais und auf das Neue Palais. Der der die drei Palais und ihre Flügelbauten gebildete Raum wird durch die an den vier Ecken befindlichen z. T. großkronigen Gehölzpflanzungen verengt und gegliedert. Im Zentrum des Lustgartens befindet sich eine Fontäne, deren angrenzende Flächen durch symmetrisch angelegte Blumenbeete gestaltet sind.

Im Lustgarten beginnt der Rundgang nahe des Eingangstores. Der markanteste Baum in diesem Teil ist eine großkronige Farnblättrige Rot-Buche *(Fagus sylvatica* L. *'Asplenifolia'),* deren untere Äste zum Teil auf dem Boden aufliegen. Ihre Krone ist durch eine starke Verzweigung sehr dicht; dadurch kann der Baum bei plötzlich eintretendem Regen für manchen überraschten Parkbesucher in idealer Weise die Funktion eines schützenden Regenschirms übernehmen.

Blick in die Krone der Farnblättrigen Rot-Buche

Großer Schlossgarten
oder Kaiserstück

Bergpalais

Heckengärten

Wasserpalais

Elbe

I

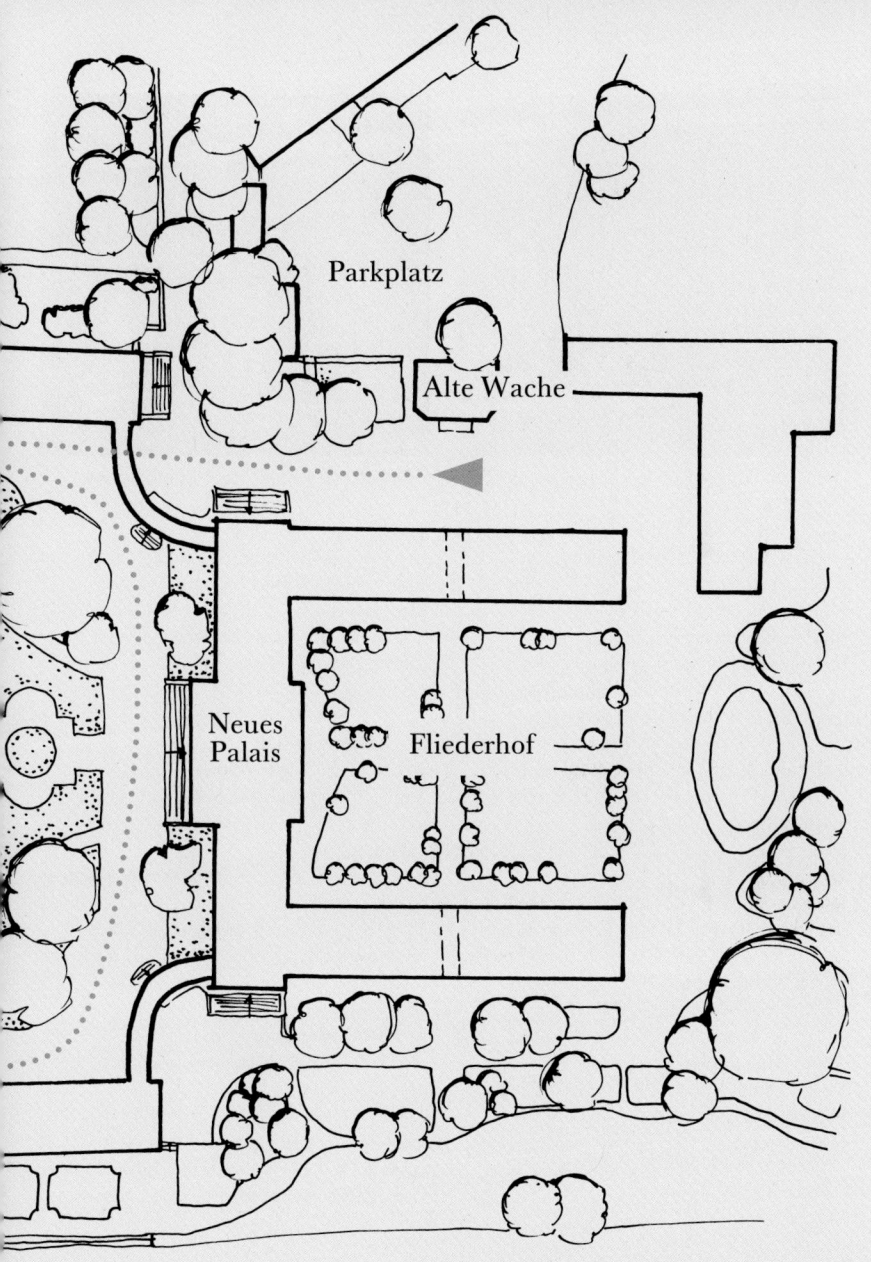

Parkplatz

Alte Wache

Neues Palais

Fliederhof

Orientierungsplan Rundgang, 1. Teil: Lustgarten

Die Farnblättrige Rot-Buche im Lustgarten

Zweige des Breitblättrigen Spindelstrauchs

1 Farnblättrige Rot-Buche ○
Fagus sylvatica L. *'Asplenifolia' (Fagaceae)*
Höhe: 21,00 m
Stammdurchmesser: 1,18 m
Kronendurchmesser: 23,00 m
Wuchs: untere Äste auf dem Boden liegend; Blätter: farnartig fiederspaltig

2 Breitblättriger Spindelstrauch ○
Euonymus latifolius (L.) Mill. *(Celastraceae)*
Verbreitung: Südosteuropa, Kaukasus, Kleinasien
Höhe: 2,00 m
Wuchs: Strauch kann bis zu 5 m hoch werden; Blätter: rote Herbstfärbung; Früchte: rot; im Parkbereich mehrfach vertreten, durch Selbstaussaat sich vermehrend

3 Berg-Ahorn
Acer pseudoplatanus L. *(Aceraceae)*
Verbreitung: Europa, Kaukasus, Türkei
Höhe: 22,00 m
Stammdurchmesser: 1,17 m

Wuchs: großkroniger Baum mit typischer Plattenborke; Blätter: oft schöne gelbe Herbstfärbung; Blüten: in hängenden Trauben; im Park in zahlreichen Exemplaren sowohl solitär als auch in Gruppen vertreten

4 Eschen-Ahorn
Acer negundo L. *(Aceraceae)*
Verbreitung: Nordamerika, in Europa eingebürgert
Höhe: 11,00 m
Stammdurchmesser: 1) 0,53 m 2) 0,36 m 3) 0,18 m
Wuchs: 3-stämmig; Blätter: gefiedert; Blüten: zweihäusig, hier männlich; nicht alt werdend

5 Rhododendron-Sorte
Rhododendron L. *'Cunninghams White' (Ericaceae)*
Höhe: 4,00 m
Blüten: weiß; Blütezeit: April/Mai; *Rhod. caucasicum x Rhod. ponticum 'Album'*, Lord Cunningham, um 1850

Dendrologischer Rundgang durch den Schlosspark

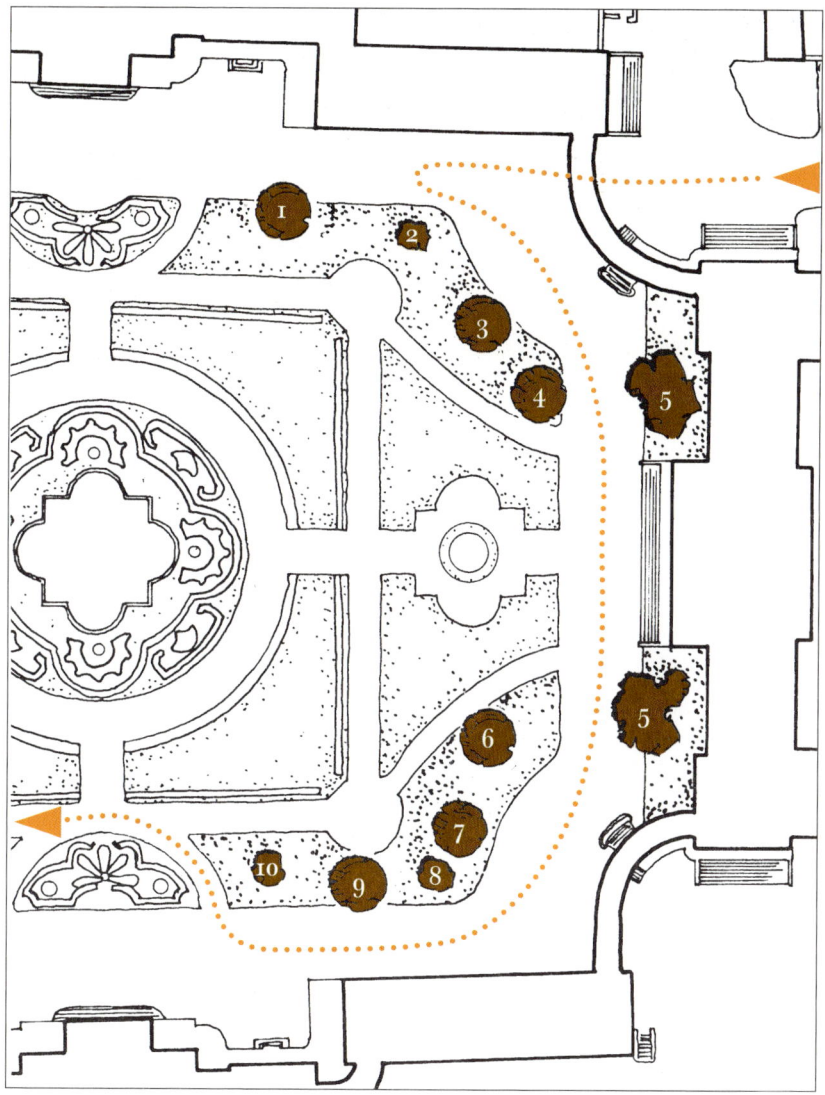

Detailplan I

Strauch-Rosskastanie im Herbstlaub

6 Gemeine Rosskastanie

Aesculus hippocastanum L. *(Hippocastanaceae)*
Verbreitung: Südosteuropa, in Deutschland eingebürgert
Höhe: 18,00 m
Stammdurchmesser: 1,00 m
Wuchs: großkroniger Baum; Blätter: typisch gefingerte Blätter; im Park an vielen Stellen und zumeist als Alleebaum vorhanden

7 Berg-Ahorn

Acer pseudoplatanus L. *(Aceraceae)*
Verbreitung: Europa, Kaukasus, Türkei
Höhe: 18,00 m
Stammdurchmesser: 0,65 m

8 Wein-Ahorn

Acer circinatum Pursh *(Aceraceae)*
Verbreitung: pazifisches Nordamerika
Höhe: 5,00 m

Wuchs: Strauch oder kleiner Baum; Blätter: fünf- bis neunlappig und rundlich; Herbstfärbung gelb bis karmesinrot

9 Winter-Linde

Tilia cordata Mill. *(Tiliaceae)*
Verbreitung: Europa
Höhe: 21,00 m
Stammdurchmesser: 1,00 m
Wuchs: großkronig; Blätter: relativ klein, auf der Blattunterseite rostfarbene Achselbärte; im Park auch als Alleebaum vorhanden

10 Strauch-Rosskastanie ○

Aesculus parviflora Walt. *(Hippocastanaceae)*
Verbreitung: südöstliche USA
Höhe: 3,00 m
Wuchs: strauchartig; Blüten: bis 30 cm hohe, über dem Laub stehende Blütenrispen; Blütezeit: Juni/Juli

Dendrologischer Rundgang durch den Schlosspark

Zweige des Kuchenbaumes im Herbstlaub

Virginischer Schneeflockenstrauch in Blüte

11 Kuchenbaum ○

Cercidiphyllum japonicum Sieb. et Zucc.
(Cercidiphyllaceae)
Verbreitung: Japan, China
Höhe: 9,50 m
Wuchs: mehrstämmig; Blätter: Herbstfärbung gelb; zerriebene Blätter duften im Herbst nach frischem Kuchen; hier stehen zwei noch relativ junge Bäume

12 Virginischer Schneeflockenstrauch ○

Chionanthus virginicus L. *(Oleaceae)*
Verbreitung: östliche bis mittlere USA
Höhe: 3,50 m
Blüten: lange, schmale, weiße Blütenblätter; Triebe wirken, als wären sie beschneit; Blütezeit: Mai/Juni; sehr dekorativer Strauch

13 Gold-Eiche

Quercus robur L. 'Concordia' *(Fagaceae)*
Höhe: 16,00 m
Stammdurchmesser: 0,76 m
Besonderheit: stattlicher Baum; Blätter: erscheinen schon beim Austrieb goldgelb, im Sommer wenig vergrünend

14 Schirm-Magnolie

Magnolia tripetala L. *(Magnoliaceae)*
Verbreitung: östliche USA
Höhe: 4,50 m
Blätter: endständig, bis 20 cm lang, stehen schirmartig um den Trieb; Blüten: groß, weißgelblich; Blütezeit: Mai

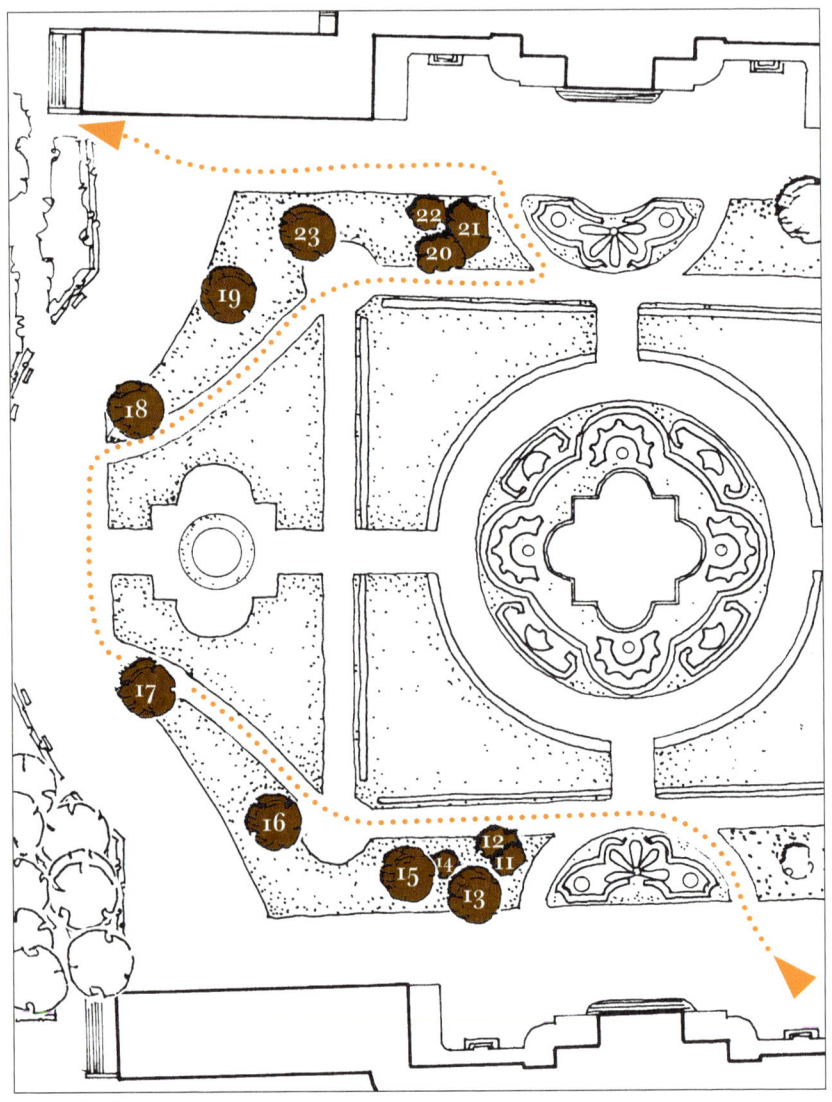

Detailplan II

Dendrologischer Rundgang durch den Schlosspark

15 Zerr-Eiche
Quercus cerris L. *(Fagaceae)*
Verbreitung: Mittel- und Südeuropa
Höhe: 17,50 m
Stammdurchmesser: 0,90 m
Wuchs: stattlicher Baum mit aufstrebenden Ästen; Blätter: relativ klein und schmal, unregelmäßig tiefbuchtig gelappt

16 Winter-Linde
Tilia cordata Mill. *(Tiliaceae)*
Verbreitung: Europa
Höhe: 17,00 m (Altexemplar)
Stammdurchmesser: 0,64 m (Altexemplar)
Besonderheiten: Altexemplar 1999 abgestorben und im Frühjahr 2000 entfernt, Neupflanzung vorgesehen

17 Blut-Buche
Fagus sylvatica L. *'Atropunicea' (Fagaceae)*
Höhe: 20,00 m
Stammdurchmesser: 1,02 m
Besonderheit: großkroniges Prachtexemplar; Blätter: intensiv bronzefarben; im Inneren der bis zum Boden herabhängenden unteren Äste bleiben die Blätter grün; markiert zusammen mit der gegenüberstehenden Blut-Buche den Lustgarten im Nordwesten

18 Blut-Buche
Fagus sylvatica L. *'Cuprea' (Fagaceae)*
Höhe: 21,50 m
Stammdurchmesser: 1,30 m
Besonderheit: großkroniger Baum

19 Spitz-Ahorn
Acer platanoides L. *(Aceraceae)*
Verbreitung: Europa, Kleinasien
Höhe: 21,00 m
Stammdurchmesser: 0,86 m
Besonderheit: großkroniger Baum; Blätter: typisch fünflappig, Lappen zugespitzt, jederseits bogig gezähnt (1–2 Zähne); Blüten: aufrechte Doldenrispen erscheinen vor Blattausbruch; sehr häufig im Park; von der Kronenspitze her absterbend

20 Virginischer Schneeflockenstrauch
Chionanthus virginicus L. *(Oleaceae)*
Verbreitung: östliche bis mittlere USA
Höhe: 4,50 m

21 Strauch-Rosskastanie
Aesculus parviflora Walt. *(Hippocastanaceae)*
Verbreitung: südöstliche USA
Höhe: 4,50 m

22 Schirm-Magnolie
Magnolia tripetala L. *(Magnoliaceae)*
Verbreitung: östliche USA
Höhe: 9,50 m

23 Berg-Ahorn
Acer pseudoplatanus L. *(Aceraceae)*
Verbreitung: Europa, Kaukasus, Türkei
Höhe: 22,00 m
Stammdurchmesser: 0,73 m

2. Teil: Nadelgehölz-Garten

Der nach 1874 als Sammlung angelegte Nadelgehölz-Garten beherbergt viele dendrologische Kostbarkeiten. Auf einer Fläche von 2,8 ha wurden ursprünglich etwa 200 verschiedene Gehölze, vorwiegend Nadelgehölze, gepflanzt, die heute – soweit sie noch vorhanden sind – zum Teil eine stattliche Höhe von etwa 30 m erreicht haben. Sie vermitteln interessierten Parkbesuchern einen Eindruck über die Kronenentwicklung der Gehölze nach einer mehr als hundertjährigen Wachstumsperiode. Die Sammlung besitzt eine größere Anzahl von *Abies*-Arten. Von der Gattung *Picea*, die zahlreich vertreten ist, sind die Altexemplare der Zwergformen von *Picea abies* besonders hervorzuheben. Das Arboretum ist auch reich an *Tsuga*-Arten und hat eine vielfältige Auslese der verschiedenen Vertreter von *Thuja* und *Chamaecyparis* mit ihren Jugend-, Übergangs- und Altersformen. Nur wenige Laubgehölze ergänzen die Wirkung der Nadelgehölze. Alle ausgepflanzten Bäume hatten im Pflanzjahr ein Alter von etwa acht Jahren. Die Anlage war als Sammlung von Einzelindividuen geplant. Die geschützte Lage und der hohe Grundwasserstand in Elbnähe begünstigten die Entwicklung der Pflanzung ebenso wie die zeitweilige Zwischenpflanzung von Schutzbäumen (Fichten und einheimische Laubgehölze), die später zum großen Teil wieder entfernt wurden.

Vom Lustgarten kommend, führt der Weg am Seitenflügel des Bergpalais entlang zum Ausgangspunkt des zweiten Wegabschnittes, einer kleinen, in den Sommermonaten mit Kübelpflanzen bestandenen Fläche vor dem Nordwestgiebel des Flügelbaues. Zunächst geht er von dort geradeaus bis vor den südöstlichen Seitenflügel der Orangerie und führt dann ein kurzes Stück vor der Orangerie in nordwestliche Richtung bis zur nächsten Weggabelung. Hier zweigt er wieder in Richtung Lustgarten ab und verläuft, vorbei am Urweltmammutbaum, fast bis zur nördlichsten Begrenzung der Heckengärten. Nun führt er in einem weiten Bogen zurück zur Orangerie. Ein kurzes Wegstück geht es entlang des Gebäudes in südöstliche Richtung, um dann an der bereits bekannten Weggabelung wieder nach Süden (Richtung Lustgarten) abzubiegen. Ein zweites Mal kommt man am Urweltmammutbaum vorbei. Der Rundweg zweigt an der nächstfolgenden Weggabelung nach Nordwesten ab und führt in einem weiten Bogen bis zum nordwestlichen Giebel der Orangerie.

Scheinzypressengruppe

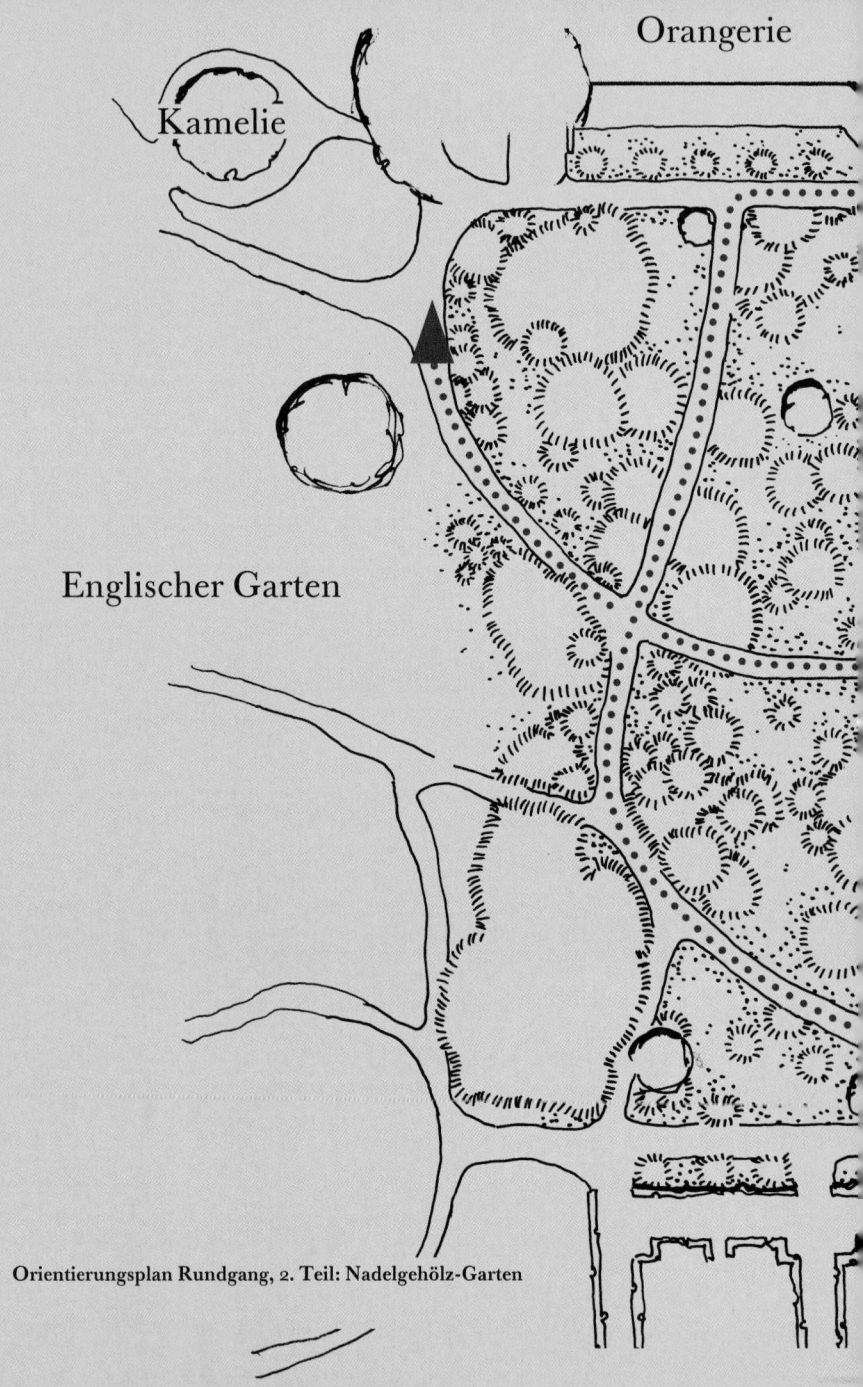

Orangerie

Kamelie

Englischer Garten

Orientierungsplan Rundgang, 2. Teil: Nadelgehölz-Garten

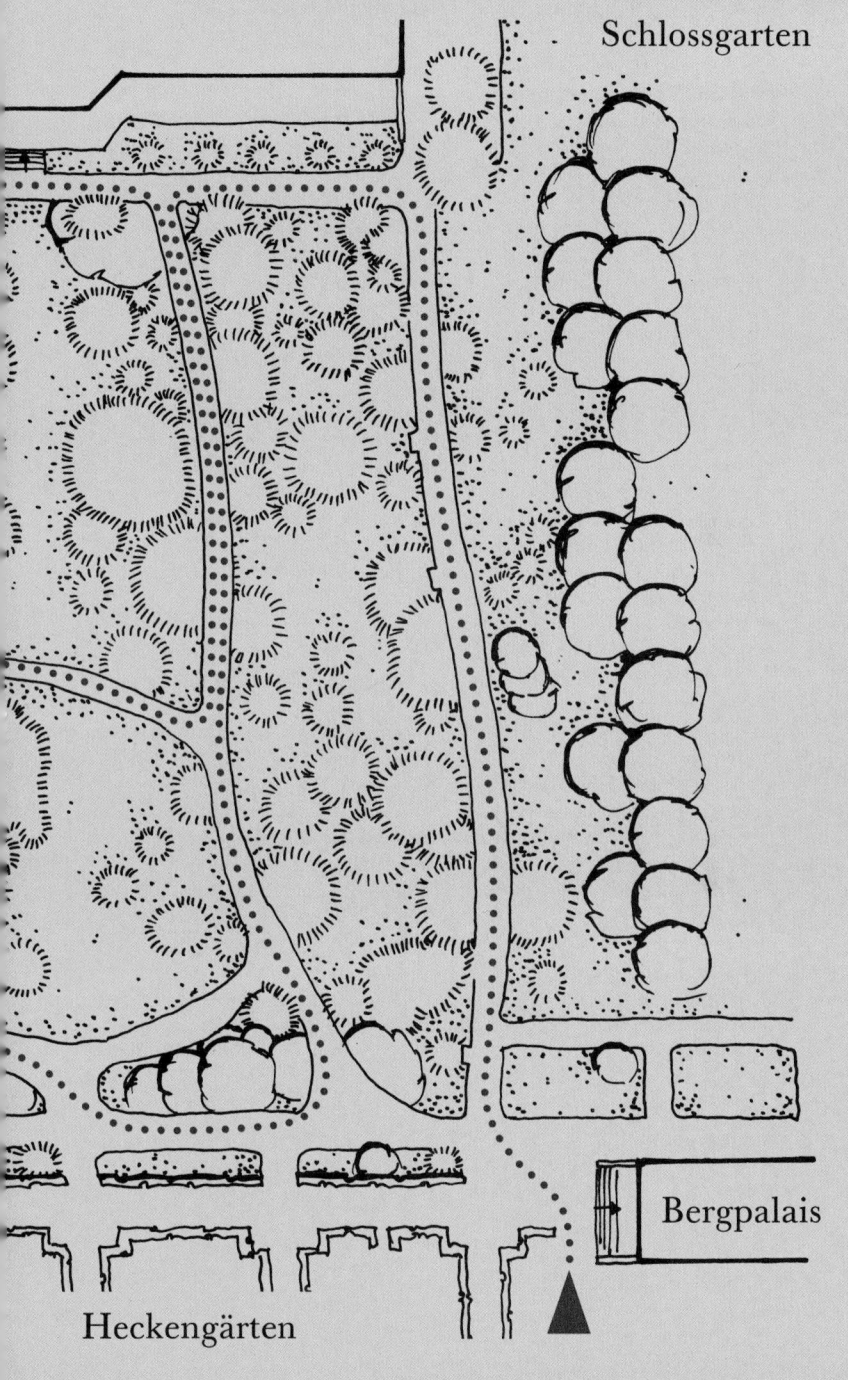

Schlossgarten

Heckengärten

Bergpalais

2

1 Gewöhnlicher Trompetenbaum

Catalpa bignonioides Walter *(Bignoniaceae)*
Verbreitung: südöstliche USA
Höhe: 13,00 m
Stammdurchmesser: 0,50 m
Wuchs: am unteren Stamm verzweigt; Blätter: eiförmig, 10–20 cm lang, ganzrandig, kurz zugespitzt; Blüten: weiß, in vielblütigen Rispen; Blütezeit: Juni/Juli; Früchte: Kapseln bis 40 cm lang; Pflanzung ca. 1955

2 Blau-Fichte

Picea pungens Engelm. *'Glauca' (Pinaceae)*
Höhe: 27,00 m
Stammdurchmesser: 0,50 m
Wuchs: typische Kronenentwicklung im Alter (Auflösung der pyramidalen Krone); Nadeln: mehr oder weniger blaugrün

3 Dahurische Lärche

Larix gmelinii (Rupr.) Kuzen. *var. japonica* (Regel) Pilg. *(Pinaceae)*
Verbreitung: Ostsibirien, Sachalin und Südkurilen
Höhe: 7,00 m
Stammdurchmesser: 0,22 m
Wuchs: Krone regelmäßig pyramidal aufgebaut; Triebe: rotbraun behaart; Nadeln: hellgrün, unterseits mit deutlichen graugrünen Spaltöffnungsbändern, stumpfe Nadelspitze; Zapfen: glänzend hellbraun, 15–25 mm lang

4 Sorte der Erbsenfrüchtigen Scheinzypresse

Chamaecyparis pisifera (Sieb. et Zucc.) Endl. *'Filifera' (Cupressaceae)*
Höhe: 16,50 m
Stammdurchmesser: 0,33 m

Wuchs: breit kegelförmig; seitlich mit bewurzelten Zweigen; Sorte mit wenig verzweigten, hängenden, fadenförmigen Trieben

5 Europäische Lärche

Larix decidua Mill. *(Pinaceae)*
Verbreitung: Mitteleuropa
Höhe: 28,00 m
Stammdurchmesser: 0,80 m
Wuchs: Krone unregelmäßig mit weit nach außen reichenden Ästen; Nadeln: hellgrün, oberseits flach, unterseits gekielt; Zapfen: 2–6 cm lang, Zapfenschuppen kaum nach unten gebogen

6 Europäische Lärche

Larix decidua Mill. *(Pinaceae)*
Verbreitung: Mitteleuropa
Höhe: 28,00 m
Stammdurchmesser: 0,90 m

7 Sorte der Kanadischen Hemlocktanne

Tsuga canadensis (L.) Carr. *'Microphylla' (Pinaceae)*
Höhe: 31,00 m
Stammdurchmesser: 0,94 m
Wuchs: Krone unregelmäßig, breit; Nadeln: kleiner als bei der Art, an diesem Exemplar aber auch Zweige mit arttypischen Nadeln

8 Küsten-Douglasie

Pseudotsuga menziesii (Mirb.) Franco *var. menziesii (Pinaceae)*
Verbreitung: westliches Nordamerika
Höhe: 29,00 m
Stammdurchmesser: 1,05 m

Stammfuß der Japanischen Lärche

9 Zirbel-Kiefer
Pinus cembra L. *(Pinaceae)*
Verbreitung: Hochgebirge Mitteleuropas
Höhe: 16,00 m
Stammdurchmesser: 0,33 m
Wuchs: Krone schmal, meist dicht; oft nur
bis 20 m hoch; Äste: kurz, bogig, anstei-
gend; Nadeln: an der Spitze in pinselarti-
gen Büscheln, 5-nadlig; Samen: groß und
essbar (Zirbelnüsse)

10 Ess-Kastanie
Castanea sativa Mill. *(Fagaceae)*
Verbreitung: Mittel- und Südeuropa,
Kleinasien
Höhe: 19,00 m
Stammdurchmesser: 1) 0,61 m 2) 0,64 m
3) 0,34 m 4) 0,18 m
Wuchs: bereits ca. 0,50 m über dem Boden
mehrstämmig; Blätter: ungeteilt, länglich
lanzettlich, 15–30 cm lang, grob gezähnt;
Früchte: Maronen; Pflanzung ca. 1950;
nördlich der Alpen vermutlich durch die
Römer eingebürgert

11 Japanische Lärche ○
Larix kaempferi (Lamb.) Carr. (syn. *L. lepto-
lepis*) *(Pinaceae)*
Verbreitung: Japan
Höhe: 25,00 m
Stammdurchmesser: 0,72 m
Besonderheit: auf eine stark wachsende
Unterlage *(Larix decidua)* veredelt (deutlich
erkennbar an dem Veredlungswulst)

12 Sorte der Lawsons Scheinzypresse
Chamaecyparis lawsoniana (A. Murray) Parl.
'Fletscheri' *(Cupressaceae)*
Höhe: 9,00 m
Stammdurchmesser: 0,16 m
Wuchs: spitzkegelig; Sorte mit federartig
krausen Zweigen; Pflanzung ca. 1950

13 Sorte der Lawsons Scheinzypresse
Chamaecyparis lawsoniana (A. Murray) Parl.
'Tharandtensis Caesia' *(Cupressaceae)*
Höhe: 2,75 m
Besonderheit: Sorte des Tharandter Forst-
gartens; Wuchs: breit kegelförmig, nicht
stammbildend, niedrig bleibend; Nadeln:
stumpf blaugrün bereift; Pflanzung ca. 1950

14 Gemeine Fichte
Picea abies (L.) H. Karst. *(Pinaceae)*
Verbreitung: Nord-, Mittel- und Südost-
europa
Höhe: 31,00 m
Stammdurchmesser: 1,02 m

15 Sorte der Erbsenfrüchtigen Scheinzypresse
Chamaecyparis pisifera (Sieb. et Zucc.) Endl.
'Filifera Aurea' *(Cupressaceae)*
Höhe: 11,00 m
Stammdurchmesser: 0,26 m
Äste: lang, weit ausladend, hängend; gelbe
Triebe

2

16 Sorte der Kolorado-Tanne
Abies concolor (Gordon et Glend.) Lindl. ex Hildebr. *'Violacea' (Pinaceae)*
Höhe: 15,00 m
Stammdurchmesser: 0,30 m
Rinde: silbergrau; Nadeln: blauweiß, bogig aufwärts und nach vorn gerichtet, 3–8 cm lang; Pflanzung ca. 1950

17 Sorte der Nutka-Scheinzypresse
Chamaecyparis nootkatensis (D. Don) Spach *'Pendula' (Cupressaceae)*
Höhe: 10,00 m
Stammdurchmesser: 0,17 m
Wuchs: Baum bis 30 m hoch werdend; Äste: dicht ausgebreitet; Zweige: hängend, in einer Ebene ausgebreitet, fast vierkantig; zerriebene Zweige riechen unangenehm; Zapfen: kugelförmig, 8–11 mm dick, unterhalb der Mitte der Zapfenschuppen mit starker, höckerartiger Spitze

18 Nikko-Tanne
Abies homolepis Sieb. et Zucc. *(Pinaceae)*
Verbreitung: Japan
Höhe: 22,00 m
Stammdurchmesser: 0,53 m
Triebe: v-förmige Furche auf der Oberfläche; Nadeln: ziemlich steif, 1–3 cm lang; ein weiteres Exemplar steht rechts, vom Weg zurückgesetzt

19 Sicheltanne
Cryptomeria japonica (L. f.) D. Don *(Taxodiaceae)*
Verbreitung: Japan, China
Höhe: 15,00 m
Stammdurchmesser: 0,24 m
Kronendurchmesser: 3,00 m
Wuchs: schlank pyramidal; Nadeln: pfriemförmig, sichelartig gekrümmt, unterseits stark gekielt

20 Sorte der Eibe
Taxus baccata L. *'Overeynderi' (Taxaceae)*
Höhe: 5,75 m
Wuchs: aufrecht breitstrauchig

21 Sorte der Eibe
Taxus baccata L. *'Dovastoniana' (Taxaceae)*
Höhe: 7,50 m
Stammdurchmesser: 0,34 m
Wuchs: in die Breite gehend; Zweige: überhängend

22 Pfitzers Wacholder
Juniperus x media Melle *'Pfitzeriana'* (Späth) P. Schmidt *(Cupressaceae)*
Höhe: 3,00 m
Wuchs: weit ausladender Strauch; ein weiteres Exemplar steht an der nächstfolgenden Wegekreuzung des Rundganges

23 Küsten-Douglasie
Pseudotsuga menziesii (Mirb.) Franco *var. menziesii (Pinaceae)*
Verbreitung: westliches Nordamerika
Höhe: 33,00 m
Stammdurchmesser: 1,02 m
Kronendurchmesser: 6,00 m
Borke: dick, korkig, tief längsgefurcht; Nadeln: an der Basis in ein Stielchen verschmälert; Zapfen: bis 10 cm lang, Deckschuppen 3-zipfelig und weit herausragend; erste Samen gelangten 1831 nach Europa; ein zweites großes Exemplar befindet sich an der Südostseite der Orangerie

24 Graue Douglasie
Pseudotsuga menziesii (Mirb.) Franco *var. caesia* (Schwer.) Franco *(Pinaceae)*
Verbreitung: westliches Nordamerika, Rocky Mountains
Höhe: 30,00 m

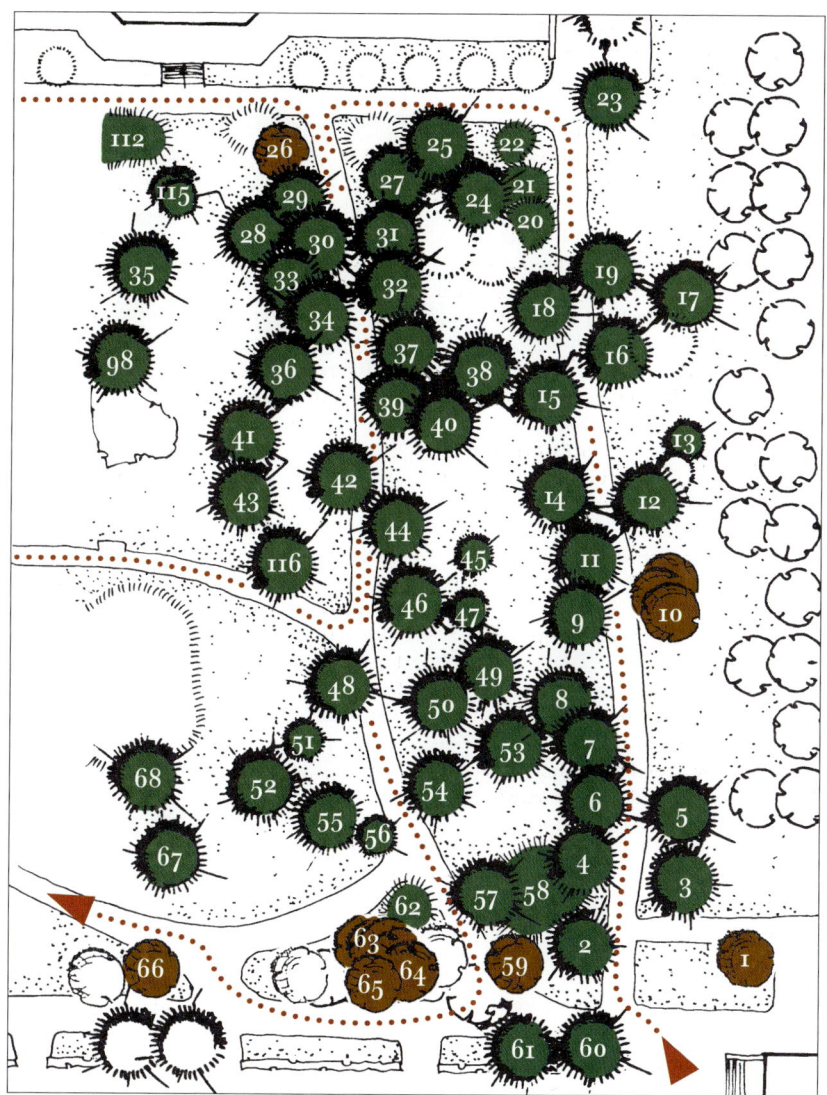

Detailplan I

2. Teil: Nadelgehölz-Garten

Stammdurchmesser: 0,62 m
Borke: gelblich gefleckt; Nadeln: weniger
bläulich grün

25 Sorte der Edlen Tanne ○
Abies procera Rehder *'Glauca' (Pinaceae)*
Höhe: 5,00 m
Stammdurchmesser: 0,12 m
Wuchs: Baum ist äußerlich einer Blau-
Fichte ähnlich; der etwas krumme Wuchs
ergibt sich durch die Veredlung aus einem
Seitentrieb; Nadeln: prachtvoll blauweiß
gefärbt, typische Nadelstellung (Nadelba-
sis dem Trieb anliegend)

26 Persische Eiche
Quercus macranthera Fisch. et C. A. Mey. ex
Hohen. *(Fagaceae)*
Verbreitung: Südostkaukasus, Nordiran
Höhe: 26,00 m
Stammdurchmesser: 1,24 m
Wuchs: breitkronig; Blätter: verkehrt eiför-
mig, 5-15 cm lang, abgerundet, zur Basis
verschmälert, Blattunterseite graufilzig

27 Rumelische Kiefer
Pinus peuce Griseb. *(Pinaceae)*
Verbreitung: Gebirge in Osteuropa (Balkan)
Höhe: 18,00 m
Stammdurchmesser: 0,45 m
Wuchs: Krone schlank kegelförmig; Stamm
meist bis zum Boden beastet; Äste: aufsteigend; junge Triebe grünlich, kahl; Nadeln:
5-nadlig, 7-10 cm lang, an den Kurztrieben
pinselartig nach vorn gerichtet

28 Kaukasus-Tanne
Abies nordmanniana (Steven) Spach
(Pinaceae)
Verbreitung: Kleinasien, Kaukasus
Höhe: 30,00 m

Edle Tanne

Stammdurchmesser: 0,79 m
Nadeln: auf der Zweigoberseite ungeschei-
telt, 2-3 cm lang, glänzend grün, an der
Unterseite zwei bläulich weiße Streifen;
Baum ist geschädigt

29 Abendländischer Lebensbaum
Thuja occidentalis L. *(Cupressaceae)*
Verbreitung: Nordamerika
Höhe: 9,00 m
Stammdurchmesser: 1) 0,18 m 2) 0,12 m
3) 0,17 m
Wuchs: Krone schmal, pyramidal; 3-stäm-
mig; Zweigchen: oberseits dunkelgrün, un-
terseits blassgrün ohne weiße Zeichnung

30 Sorte des Abendländischen Lebensbaums
Thuja occidentalis L. *'Columna' (Cupressaceae)*
Höhe: 6,25 m
Stammdurchmesser: 0,10 m
Besonderheit: säulenförmig wachsende
Sorte vom Abendländischen Lebensbaum

31 Orientalische Fichte

Picea orientalis (L.) Link *(Pinaceae)*
Verbreitung: Kleinasien, Kaukasus
Höhe: 19,50 m
Stammdurchmesser: 0,33 m
Wuchs: Krone dicht verzweigt, pyramidal;
Nadeln: kurz, steif, glänzend dunkelgrün,
kurznadligste Fichte

32 Urweltmammutbaum

Metasequoia glyptostroboides Hu et
W.C. Cheng *(Taxodiaceae)*
Verbreitung: China (Nordostsetschuan,
Südwesthupeh)
Höhe: 26,00 m
Stammdurchmesser: 0,54 m
Besonderheit: chinesischer Name shui-
shan = Wasserlärche; Wuchs: pyramidal;
Stamm: tief gefurcht, am unteren Stamm-
teil tiefe Kehlungen; Borke: faserig, rotbraun; Äste: Seitenäste bleiben auch bei
alten Bäumen relativ schwach; Triebe: die
nicht verholzten Kurztriebe werden im
Herbst abgeworfen; Nadeln: sommergrün;
Zapfen: relativ klein (2-2,5 cm lang), erscheinen erst nach etwa 25 Standjahren.
Das Pillnitzer Exemplar wurde anlässlich
einer Dendrologentagung im Herbst 1953
als kleines, etwa 1 m hohes »Bäumchen«
gepflanzt. Die europäische Mutterpflanze
steht in Kew Gardens (London). Einzelne
von dieser Pflanze aus Stecklingen gezoge-
ne Exemplare kamen 1950 nach Deutschland auf die Insel Mainau. Eine der Pflanzen wurde als Geschenk dem Pillnitzer
Schlosspark übergeben. Das große Interesse an der *Metasequoia* ergibt sich daraus,
dass sie erst 1941 von dem japanischen
Paläobotaniker Miki als fossiles Gehölz in
tertiären Tonablagerungen beschrieben
wurde, nicht ahnend, dass noch unbekann-
te Restbestände in Zentralchina vorhan-

den waren. Die Art existierte bereits in der
Kreideformation vor 130 Millionen Jahren
und fand im Tertiär ihre größte Verbreitung. In den ersten Jahren nach 1941 nah-
men die chinesischen Botaniker Hu und
Cheng eine eingehende Beschreibung der
aufgefundenen Gehölzart vor und benann-
ten sie 1948 *Metasequoia glyptostroboides*. Die
Entdeckung dieses lebenden Fossils war in-
ternational eine große Sensation. Bereits
im Jahre 1947 kamen Samen über das
Arnold Arboretum der Harvard Univer-
sität (USA) nach Europa.

33 Sorte der Lawsons Scheinzypresse

Chamaecyparis lawsoniana (A. Murray) Parl.
'Fletscheri' *(Cupressaceae)*
Höhe: 6,00 m
Stammdurchmesser: 0,11 m
Wuchs: Krone säulen- bis kegelförmig;
Äste: dicht stehend

34 Gelb-Kiefer

Pinus ponderosa Douglas ex C. Lawson
(Pinaceae)
Verbreitung: westliches Nordamerika und
Westkanada
Höhe: 12,50 m
Stammdurchmesser: 0,17 m
Zweige: hängend; Triebe: Spitzen nach
oben gerichtet; Nadeln: 3-nadlig, 12-25 cm
lang

35 Kaukasus-Tanne

Abies nordmanniana (Steven) Spach
(Pinaceae)
Verbreitung: Kleinasien, Kaukasus
Höhe: 17,50 m
Stammdurchmesser: 0,28 m
Zentraler Stamm gefällt, Stamm hat sich
aus einem in Bodennähe befindlichen Ast
entwickelt; geschädigt oberhalb Stammfuß

36 Österreichische Schwarz-Kiefer

Pinus nigra Arnold *ssp. nigra (Pinaceae)*
Verbreitung: Österreich, Jugoslawien, Griechenland
Höhe: 26,00 m
Stammdurchmesser: 1,00 m
Wuchs: Krone breit pyramidal bis schirmförmig; Nadeln: besonders steif und dunkelgrün

37 Serbische Fichte

Picea omorika (Pancic) Purk. *(Pinaceae)*
Verbreitung: Südosteuropa
Höhe: 21,00 m
Stammdurchmesser: 0,21 m
Wuchs: Krone schmal kegelförmig; Äste: kurz, bogig aufsteigend; Nadeln: deutlich abgeflacht, unterseits mit zwei deutlichen silberweißen Spaltöffnungsbändern

38 Sorte der Erbsenfrüchtigen Scheinzypresse

Chamaecyparis pisifera (Sieb. et Zucc.) Endl. *'Filifera' (Cupressaceae)*
Höhe: 14,50 m
Stammdurchmesser: 1) 0,25 m 2) 0,22 m 3) 0,19 m 4) 0,16 m 5) 0,16 m
Wuchs: über dem Boden mehrere Starkäste bildend, die z.T. auf dem Boden liegen; Triebe: fadenförmig

39 Nutka-Scheinzypresse

Chamaecyparis nootkatensis (D. Don) Spach *(Cupressaceae)*
Verbreitung: nordwestliche USA
Höhe: 15,00 m
Stammdurchmesser: 0,21 m
Wuchs: schlank pyramidal; Bezweigung überhängend; Zweigchen in einer Ebene stehend; gerieben von intensivem Geruch

40 Japanische Nusseibe

Torreya nucifera (L.) Sieb. et Zucc. *(Taxaceae)*
Verbreitung: Japan
Höhe: 8,00 m
Stammdurchmesser: 0,14 m
Nadeln: 1,5-3,5 cm lang, 3-4 mm breit, oberseits gewölbt, zerrieben unangenehm riechend

41 Kolorado-Tanne

Abies concolor (Gordon et Glend.) Lindl. ex Hildebr. *(Pinaceae)*
Verbreitung: südwestliches Nordamerika
Höhe: 23,00 m
Stammdurchmesser: 0,55 m
Nadeln: 4,5-6,5 cm lang, Farbton der Ober- und Unterseite der Nadeln differiert nur wenig (concolor = gleichfarbig)

42 Europäische Lärche

Larix decidua Mill. *(Pinaceae)*
Verbreitung: Mitteleuropa
Höhe: 28,00 m
Stammdurchmesser: 1,14 m

43 Serbische Fichte

Picea omorika (Pancic) Purk. *(Pinaceae)*
Verbreitung: Südosteuropa
Höhe: 20,00 m
Stammdurchmesser: 0,29 m

44 Sorte der Erbsenfrüchtigen Scheinzypresse

Chamaecyparis pisifera (Sieb. et Zucc.) Endl. *'Squarrosa' (Cupressaceae)*
Höhe: 25,00 m
Stammdurchmesser: 0,77 m
Blätter: nadelförmig, ringsum dicht stehend

45 Orientalische Fichte
Picea orientalis (L.) Link *(Pinaceae)*
Verbreitung: Kleinasien, Kaukasus
Höhe: 3,00 m
Stammdurchmesser: 0,04 m
Besonderheit: junger Baum

46 Tienschan-Fichte
Picea schrenkiana Fisch. et C. A. Mey.
(Pinaceae)
Verbreitung: Zentralasien
Höhe: 14,00 m
Stammdurchmesser: 0,21 m
Triebe: hell, niemals rötlich; Nadeln: locker stehend, vierkantig, mit Spaltöffnungen auf allen vier Seiten, dünn und lang (18–30 mm, im Mittel 25 mm), stehend, auf der Zweigoberfläche nach vorn gerichtet, unterseits etwas gescheitelt

47 Zwergform der Fichte
Picea abies (L.) H. Karst., Zwergform
(Pinaceae)
Höhe: 2,00 m
Wuchs: halbkugelig bis breit kegelförmig, auf dem Boden etwa 4,50 m ausgebreitet; Nadeln: dünn, grasgrün, allmählich in eine haarfeine Spitze verschmälert; Sorte unbekannt

48 Sorte der Erbsenfrüchtigen Scheinzypresse
Chamaecyparis pisifera (Sieb. et Zucc.) Endl.
'Squarrosa' (Cupressaceae)
Höhe: 27,00 m
Stammdurchmesser: 0,68 m
Borke: rotbraun; Äste: längsrissig

49 Österreichische Schwarz-Kiefer
Pinus nigra Arnold *ssp. nigra (Pinaceae)*
Verbreitung: Österreich, Jugoslawien, Griechenland

Höhe: 28,50 m
Stammdurchmesser: 0,88 m
Wuchs: Krone breit pyramidal bis schirmförmig, prächtiger Habitus; Borke: dunkelgrau bis schwarzbraun; Nadeln: 2-nadlig, 6–18 cm lang

50 Westliche Hemlocktanne
Tsuga heterophylla (Raf.) Sarg. *(Pinaceae)*
Verbreitung: südliches Alaska, nordwestliche USA
Höhe: 25,00 m
Stammdurchmesser: 0,87 m
Wuchs: Baum kann bis zu 60 m hoch werden; Nadeln: deutlich gescheitelt, auf der Zweigunterseite bis 20 mm, auf der Oberseite 5–10 mm lang, Nadelspitze abgerundet, Nadelunterseite mit zwei breiten, silberweißen Spaltöffnungsstreifen

51 Sorte der Atlas-Zeder
Cedrus atlantica (Endl.) Manetti ex Carr.
'Glauca' (Pinaceae)
Höhe: 1,80 m
Stammdurchmesser: 0,05 m
Nadeln: graublau; junges Exemplar

52 Gelb-Kiefer
Pinus ponderosa Douglas ex C. Lawson
(Pinaceae)
Verbreitung: westliches Nordamerika und Westkanada
Höhe: 17,50 m
Stammdurchmesser: 0,31 m
Wuchs: in seiner Heimat bis 70 m hoch werdend; Borke: tief längsrissig, dunkel rotbraune bis zimtrote Plattenborke; Triebe: junge Triebe bräunlich oder grünlich; Nadeln: 3-nadlig, an den Triebspitzen dicht büschelig, 12–25 cm lang, mit horniger scharfer Spitze; noch relativ junger Baum

53 Rumelische Kiefer

Pinus peuce Griseb. *(Pinaceae)*
Verbreitung: Gebirge in Osteuropa (Balkan)
Höhe: 15,00 m
Stammdurchmesser: 0,38 m
Wuchs: Krone schmal pyramidal; Triebe: stets kahl; Nadeln: am Zweig anliegend

54 Kanadische Hemlocktanne

Tsuga canadensis (L.) Carr. *(Pinaceae)*
Verbreitung: nordöstliches bis südöstliches Nordamerika
Höhe: 23,50 m
Stammdurchmesser: 0,82 m
Wuchs: Baum kann bis 30 m hoch werden; Nadeln: auf der Zweigoberseite eine Reihe kurzer Nadeln, mit nach oben gekehrter Unterseite dem Zweig dicht anliegend; ungleich groß, 5-18 mm lang, 1-2,5 mm breit, gescheitelt

55 Nikko-Tanne

Abies homolepis Sieb. et Zucc. *(Pinaceae)*
Verbreitung: Japan
Höhe: 30,00 m
Stammdurchmesser: 0,68 m
Kronendurchmesser: 11,00 m
Triebe: v-förmige Furche auf der Oberfläche; Nadeln: dicht stehend, ziemlich steif, 1-3 cm lang, fast senkrecht vom Trieb abstehend

56 Orientalische Fichte

Picea orientalis (L.) Link *(Pinaceae)*
Verbreitung: Kleinasien, Kaukasus
Höhe: 7,00 m
Stammdurchmesser: 1) 0,15 m 2) 0,09 m 3) 0,11 m
Wuchs: Krone schlank, schmal pyramidal, direkt über dem Boden 3-stämmig; Pflanzung ca. 1950

57 Sorte der Erbsenfrüchtigen Scheinzypresse

Chamaecyparis pisifera (Sieb. et Zucc.) Endl. *'Plumosa' (Cupressaceae)*
Höhe: 23,00 m
Stammdurchmesser: 0,41 m
Besonderheit: federartig krause Zweige

58 Gemeine Eibe

Taxus baccata L. *(Taxaceae)*
Verbreitung: Europa, Kaukasus, Kleinasien
Höhe: 5,00 m
Wuchs: mehrstämmig; Blüten: zweihäusig (weibliche und männliche Blüten sind auf verschiedenen Bäumen); Früchte: Samen sind von einem becherförmigen, scharlachrot gefärbten Mantel (Arillus) umgeben; mit Ausnahme des Samenmantels sind alle Pflanzenteile giftig!

59 Rot-Buche

Fagus sylvatica L. *(Fagaceae)*
Verbreitung: Europa
Höhe: 28,00 m
Stammdurchmesser: 0,90 m

60 Serbische Fichte

Picea omorika (Pancic) Purk. *(Pinaceae)*
Verbreitung: Südosteuropa
Höhe: 16,50 m
Stammdurchmesser: 0,24 m

61 Pfitzers Wacholder

Juniperus x media Melle *'Pfitzeriana'* (Späth) P. Schmidt *(Cupressaceae)*
Höhe: 2,50 m
Wuchs: breit, ausladend

62 Sorte der Eibe
Taxus baccata L. *'Repandens' (Taxaceae)*
Höhe: bis 1,50 m
Wuchs: flach, niedrig bleibende Sorte, hier
bis zu 7 m ausgebreitet; Zweige: nickend

63 Rot-Buche
Fagus sylvatica L. *(Fagaceae)*
Verbreitung: Europa
Höhe: 36,00 m
Stammdurchmesser: 0,92 m

64 Winter-Linde
Tilia cordata Mill. *(Tiliaceae)*
Verbreitung: Europa
Höhe: 33,00 m
Stammdurchmesser: 0,61 m

65 Echter Zucker-Ahorn ○
Acer saccharum Marsh. *(Aceraceae)*
Verbreitung: östliches Nordamerika
Höhe: 19,00 m
Stammdurchmesser: 0,28 m
Blätter: drei- bis fünflappig, 8–15 cm breit,
Lappen zugespitzt, die drei oberen etwa
gleichgroß, Herbstfärbung intensiv gold-
gelb bis orangerot; Blütezeit: April
Besonderheiten: einziges erhaltenes Exem-
plar im Schlosspark. In seiner Heimat
wurde früher von den Indianern aus dem
Blutungssaft Zucker gewonnen. Das Holz
wird wegen seiner Härte und besonderen
Maserung zu Parkettfußböden, Billard-
stöcken und zu Furnieren verwendet.

66 Hainbuche
Carpinus betulus L. *(Betulaceae)*
Verbreitung: Mitteleuropa, Kleinasien
Höhe: 21,00 m
Stammdurchmesser: 0,58 m

Der Echte Zucker-Ahorn im Herbstlaub

Wuchs: Stämme bis 1,00 m Stammdurchmesser bildend; Borke: glatt, mit längs
verlaufendem Netzmuster, auch im Alter
nicht aufreißend; Blätter: Blattrand doppelt gesägt; Blüten: Kätzchen mit dem
Laub erscheinend; wegen des hellen Hol-
zes auch Weißbuche genannt

67 Blau-Fichte
Picea pungens Engelm. *'Glauca' (Pinaceae)*
Höhe: 29,00 m
Stammdurchmesser: 0,72 m

68 Amerikanische Lärche
Larix laricina (Du Roi) K. Koch *(Pinaceae)*
Verbreitung: Alaska, nordöstliches Nord-
amerika, südlich bis Maryland
Höhe: 14,00 m
Stammdurchmesser: 0,23 m

Triebe: mit Lang- und Kurztrieben, Lang-triebe anfangs dünn gekielt; Nadeln: je 12–30 Nadeln in Büscheln, pinselartig auf-gerichtet; Zapfen: nur 1–1,8 cm groß; sehr klimahart; wird kaum von Schädlingen befallen

69 Österreichische Schwarz-Kiefer
Pinus nigra Arnold *ssp. nigra (Pinaceae)*
Verbreitung: Österreich,   Jugoslawien, Griechenland
Höhe: 25,00 m
Stammdurchmesser: 0,78 m
Wuchs: Krone breit pyramidal bis schirm-förmig; Borke: dunkelgrau bis schwarz-braun; Nadeln: 2-nadlig, 6–18 cm lang

70 Japanische Hemlocktanne
Tsuga diversifolia (Maxim.) Mast. *(Pinaceae)*
Verbreitung: Japan
Höhe: 19,00 m
Stammdurchmesser: 0,48 m
Besonderheit: großes, relativ seltenes Exem-plar; Nadeln: sehr dicht stehend, geschei-telt, 5–15 mm lang, bis 2,4 mm breit, vorn ausgerandet; auf der Unterseite weiße Spalt-öffnungsbänder deutlich sichtbar

71 Serbische Fichte
Picea omorika (Pancic) Purk. *(Pinaceae)*
Verbreitung: Südosteuropa
Höhe: 13,00 m
Stammdurchmesser: 0,15 m

72 Orientalische Fichte
Picea orientalis (L.) Link *(Pinaceae)*
Verbreitung: Kleinasien, Kaukasus
Höhe: 32,00 m
Stammdurchmesser: 0,69 m

73 Kolorado-Tanne
Abies concolor (Gordon et Glend.) Lindl. ex Hildebr. *(Pinaceae)*
Verbreitung: südwestliches Nordamerika
Höhe: 20,00 m
Stammdurchmesser: 0,30 m
Nadeln: streng   horizontal   gescheitelt, 3,5–6 cm lang

74 Berg-Kiefer
Pinus mugo Turra *(Pinaceae)*
Verbreitung: Alpen und Pyrenäen
Höhe: 4,00 m
Stammdurchmesser: 0,16 m
Wuchs: am Boden stark verzweigt

75 Österreichische Schwarz-Kiefer
Pinus nigra Arnold *ssp. nigra (Pinaceae)*
Verbreitung: Österreich,   Jugoslawien, Griechenland
Höhe: 8,00 m
Stammdurchmesser: 0,15 m

76 Spitz-Ahorn
Acer platanoides L. *(Aceraceae)*
Verbreitung: Europa, Kleinasien
Höhe: 27,50 m
Stammdurchmesser: 1,05 m
Wuchs: in ca. 1,20 m Höhe sieben gleich-starke Einzelstämme bildend

77 Sorte der Eibe
Taxus baccata L. 'Aurea' *(Taxaceae)*
Höhe: 3,00 m
Wuchs: strauchartig

78 Kolorado-Tanne
Abies concolor (Gordon et Glend.) Lindl. ex Hildebr. *(Pinaceae)*

Verbreitung: südwestliches Nordamerika
Höhe: 22,00 m
Stammdurchmesser: 0,40 m
Nadeln: regelmäßig zweireihig

79 Kanadische Hemlocktanne
Tsuga canadensis (L.) Carr. *(Pinaceae)*
Verbreitung: nordöstliches bis südöstliches
Nordamerika
Höhe: 24,00 m
Stammdurchmesser: 1,05 m
Kronendurchmesser: 17,00 m

80 Sorte der Erbsenfrüchtigen Scheinzypresse
Chamaecyparis pisifera (Sieb. et Zucc.) Endl.
'Plumosa' (Cupressaceae)
Höhe: 29,50 m
Stammdurchmesser: 0,72 m
Besonderheit: Sorte mit federartigen Zweigen

81 Rumelische Kiefer
Pinus peuce Griseb. *(Pinaceae)*
Verbreitung: Gebirge in Osteuropa (Balkan)
Höhe: 19,50 m
Stammdurchmesser: 0,45 m
Borke: graubraun, kleinschuppig; Nadeln:
5-nadlig, 7-10 cm lang, ziemlich steif, gerade, pinselartig nach vorn gerichtet; 1839
vom deutschen Botaniker Grisebach in
Mazedonien entdeckt

82 Gemeine Eibe
Taxus baccata L. *(Taxaceae)*
Verbreitung: Europa, Kaukasus, Kleinasien
Höhe: max. 13,75 m

Blau-Fichte und Orientalische Fichte

Besonderheiten: mehrere Eiben in einem
dichten, etwa 10-20 m breiten Gürtel, es
handelt sich um mehrere Wuchsformen
(neben breit wachsenden stehen auch breit
aufrecht wachsende Formen)

83 Sorte der Eibe
Taxus baccata L. *'Aurea' (Taxaceae)*
Höhe: 3,50 m
Wuchs: buschig ausgebreitet; Nadeln:
goldgelbe Spitzen

84 Blau-Fichte ○
Picea pungens Engelm. *'Glauca' (Pinaceae)*
Höhe: 25,00 m
Stammdurchmesser: 0,70 m

Riesenmammutbaum und Kolorado-Tanne

85 Graue Douglasie
Pseudotsuga menziesii (Mirb.) Franco *var. caesia* (Schwer.) Franco *(Pinaceae)*
Verbreitung: westliches Nordamerika, Rocky Mountains
Höhe: 24,50 m
Stammdurchmesser: 0,27 m
Nadeln: graugrün, weniger blaugrün

86 Graue Douglasie
Pseudotsuga menziesii (Mirb.) Franco *var. caesia* (Schwer.) Franco *(Pinaceae)*
Verbreitung: westliches Nordamerika, Rocky Mountains
Höhe: 24,50 m
Stammdurchmesser: 0,44 m

87 Niederliegende Fichte
Picea abies (L.) H. Karst. 'Repens' *(Pinaceae)*
Höhe: 0,50–0,80 m
Wuchs: Zwergform, niederliegend; mehrere ältere Exemplare

88 Kolorado-Tanne ○
Abies concolor (Gordon et Glend.) Lindl. ex Hildebr. *(Pinaceae)*
Verbreitung: südwestliches Nordamerika
Höhe: 29,00 m
Stammdurchmesser: 0,53 m
Nadeln: Ober- und Unterseite etwa gleiche Färbung

89 Orientalische Fichte ○ S. 39
Picea orientalis (L.) Link *(Pinaceae)*
Verbreitung: Kleinasien, Kaukasus
Höhe: 30,50 m
Stammdurchmesser: 0,70 m

90 Gemeine Fichte
Picea abies (L.) H. Karst. *(Pinaceae)*
Verbreitung: Nord-, Mittel- und Südosteuropa
Höhe: 10,00 m
Stammdurchmesser: 0,14 m

91 Westliche Hemlocktanne
Tsuga heterophylla (Raf.) Sarg. *(Pinaceae)*
Verbreitung: südliches Alaska, nordwestliche USA
Höhe: 28,00 m
Stammdurchmesser: 1,17 m
Kronendurchmesser: 12,00 m
Wuchs: 2-stämmig ab ca. 1,50 m Höhe, ein Stamm in ca. 10 m Höhe abgesetzt;
Nadeln: oberseits glänzend dunkelgrün, unterseits mit zwei breiten, silberweißen Spaltöffnungsstreifen; Zapfen sitzend

92 Kurznadlige Eibe
Taxus baccata L. 'Adpressa' *(Taxaceae)*
Höhe: 2,50 m
Besonderheiten: kleines Gehölz, Sorte mit ausgebreitetem Wuchs; Nadeln: 5-9 mm lang

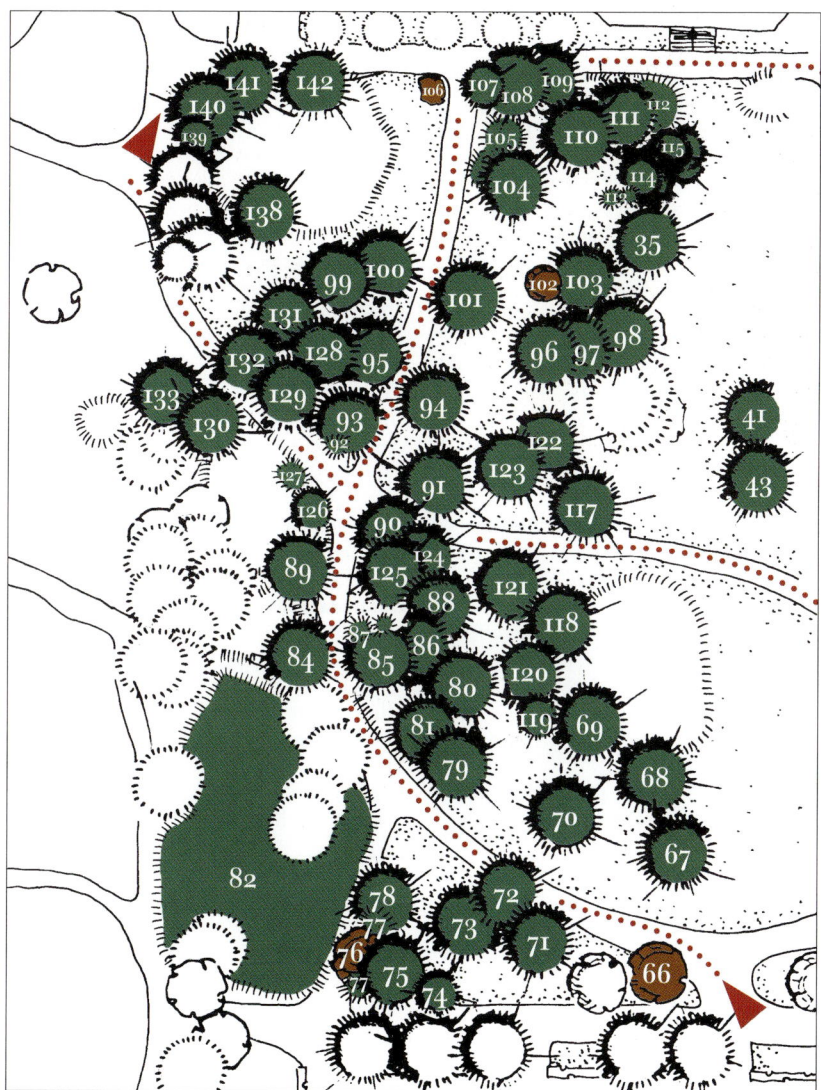

Detailplan II

2. Teil: Nadelgehölz-Garten

93 Sorte der Erbsenfrüchtigen Scheinzypresse
Chamaecyparis pisifera (Sieb. et Zucc.) Endl. *'Plumosa' (Cupressaceae)*
Höhe: 28,00 m
Stammdurchmesser: 0,73 m
Besonderheit: Sorte mit federartig krausen Zweigen; Blätter: gelblich weiß, an beschatteten Teilen der Pflanze vergrünend

94 Griechische Tanne
Abies cephalonica Loudon *(Pinaceae)*
Verbreitung: Griechenland
Höhe: 24,00 m
Stammdurchmesser: 1,10 m
Wuchs: 4-stämmig, herrlicher, großkroniger Baum; Nadeln: allseitig vom Zweig abstehend, 1,5–3 cm lang, steif, stechend

95 Sorte der Berg-Hemlocktanne
Tsuga mertensiana (Bong.) Carr. *'Argentea' (Pinaceae)*
Höhe: 20,00 m
Stammdurchmesser: 0,40 m
Wuchs: großes Exemplar mit breiter Krone; Nadeln: alle schraubig abstehend, 5–25 mm lang, blaugrün

96 Nikko-Tanne
Abies homolepis Sieb. et Zucc. *(Pinaceae)*
Verbreitung: Japan
Höhe: 15,50 m
Stammdurchmesser: 0,27 m

97 Rumelische Kiefer
Pinus peuce Griseb. *(Pinaceae)*
Verbreitung: Gebirge in Osteuropa (Balkan)
Höhe: 21,00 m
Stammdurchmesser: 0,43 m

98 Österreichische Schwarz-Kiefer
Pinus nigra Arnold *ssp. nigra (Pinaceae)*
Verbreitung: Österreich, Jugoslawien, Griechenland
Höhe: 31,00 m
Stammdurchmesser: 0,98 m
Besonderheit: der Stamm ist am Fuß von *Mahonia aquifolium* umwachsen

99 Korsische Schwarz-Kiefer
Pinus nigra Arnold *ssp. laricio* (Poir.) Maire *(Pinaceae)*
Verbreitung: Süditalien, Sizilien, Korsika
Höhe: 27,00 m
Stammdurchmesser: 0,98 m
Besonderheiten: großer Baum; umgeben von *Taxus baccata*

100 Orientalische Fichte
Picea orientalis (L.) Link *(Pinaceae)*
Verbreitung: Kleinasien, Kaukasus
Höhe: 31,00 m
Stammdurchmesser: 0,82 m
Wuchs: großer Baum, bis zum Boden beastet; Nadeln: klein, dicht stehend

101 Orientalische Fichte
Picea orientalis (L.) Link *(Pinaceae)*
Verbreitung: Kleinasien, Kaukasus
Höhe: 32,00 m
Stammdurchmesser: 0,80 m

102 Ginkgo
Ginkgo biloba L. *(Ginkgoaceae)*
Verbreitung: Südostchina
Höhe: 3,00 m
Stammdurchmesser: 0,03 m
Besonderheit: Neupflanzung

103 Schlangenhaut-Kiefer
Pinus leucodermis Antoine *(Pinaceae)*
Verbreitung: Balkan
Höhe: 13,50 m
Stammdurchmesser: 0,22 m

104 Sorte der Lawsons Schein-zypresse
Chamaecyparis lawsoniana (A. Murray) Parl.
'Wisselii' (Cupressaceae)
Höhe: 13,00 m
Stammdurchmesser: 0,27 m
Besonderheit: Sorte mit blaugrüner, farn-ähnlicher Belaubung

105 Gemeine Eibe
Taxus baccata L. *(Taxaceae)*
Verbreitung: Europa, Kaukasus, Klein-asien
Höhe: 14,00 m
Wuchs: breit ausgedehnt

106 Schlitzblättrige Hasel
Corylus avellana L. *'Heterophylla' (Betulaceae)*
Höhe: 7,00 m
Blätter: tief eingeschnitten

107 Sorte der Feuer-Scheinzypresse
Chamaecyparis obtusa (Sieb. et Zucc.) Endl.
'Filicoides' (Cupressaceae)
Höhe: 8,00 m
Stammdurchmesser: 0,12 m
Besonderheiten: das Gehölz ist auf einer stark wachsenden Unterlage aufveredelt (Veredlungswulst); Verzweigung und Be-schuppung bärlappartig

108 Lawsons Scheinzypresse
Chamaecyparis lawsoniana (A. Murray) Parl.
(Cupressaceae)

Verbreitung: Westküste der USA, Europa
Höhe: 18,00 m
Stammdurchmesser: 0,15–0,40 m
Wuchs: mehrstämmig

109 Irische Eibe
Taxus baccata L. *'Fastigiata' (Taxaceae)*
Höhe: 5,00 m
Besonderheit: Sorte mit aufrechtem Wuchs

110 Sorte der Erbsenfrüchtigen Scheinzypresse
Chamaecyparis pisifera (Sieb. et Zucc.) Endl.
'Aurea' (Cupressaceae)
Höhe: 16,00 m
Stammdurchmesser: 0,47 m
Besonderheit: gelbschuppige Sorte

111 Nutka-Scheinzypresse
Chamaecyparis nootkatensis (D. Don) Spach
(Cupressaceae)
Verbreitung: nordwestliche USA
Höhe: 26,00 m
Stammdurchmesser: 0,54 m
Wuchs: schlank pyramidal; Bezweigung: überhängend, oberseits dunkelgrün bis bläulichgrün, unterseits heller, ohne weiße Zeichnung; gerieben von intensivem Ge-ruch

112 Sorte der Gemeinen Fichte
Picea abies (L.) H. Karst. *'Nana' (Pinaceae)*
Höhe: 8,00 m
Kronendurchmesser: 7,00 m
Wuchs: schwach wachsende Sorte der Ge-meinen Fichte, mehrstämmig; ein weiteres Exemplar steht an der nächsten Wegkreu-zung in südöstlicher Richtung

113 Igel-Fichte

Picea abies (L.) H. Karst. *'Echiniformis'* *(Pinaceae)*
Höhe: 3,00 m
Wuchs: kugelig bis kissenförmig, wächst mit Langtrieben durch

114 Irische Eibe

Taxus baccata L. *'Fastigiata' (Taxaceae)*
Höhe: 1) 2,50 m 2) 2,50 m 3) 3,00 m
Wuchs: säulenförmig; Nadeln: radial gestellt; drei neu gepflanzte junge Bäume

115 Hiba

Thujopsis dolabrata (L. f.) Sieb. et Zucc. *(Cupressaceae)*
Verbreitung: Japan
Höhe: 1,75 m
Besonderheit: Schleppe des Altexemplars (nicht mehr vorhanden) ist bewurzelt, Triebe entwickeln sich selbstständig

116 Sorte der Erbsenfrüchtigen Scheinzypresse

Chamaecyparis pisifera (Sieb. et Zucc.) Endl. *'Plumosa' (Cupressaceae)*
Höhe: 26,00 m
Stammdurchmesser: 0,79 m
Blätter: alle pfriemförmig, abstehend, 2 bis 3 mm lang, federartig grün

117 Sorte der Weißzeder

Chamaecyparis thyoides (L.) B. S. P. *'Fastigiata Glauca'* *(Cupressaceae)*
Höhe: 9,00 m
Stammdurchmesser: 0,16 m
Wuchs: Krone schmal kegelförmig; Blätter: sehr klein, schuppenförmig, dunkel bläulich bis hellgrün, zerrieben stark würzig riechend

118 Nikko-Tanne

Abies homolepis Sieb. et Zucc. *(Pinaceae)*
Verbreitung: Japan
Höhe: 22,00 m
Stammdurchmesser: 0,45 m

119 Sorte der Gemeinen Fichte

Picea abies (L.) H. Karst. *'Inversa' (Pinaceae)*
Höhe: 1,50 m
Stammdurchmesser: 0,07 m
Besonderheit: Baum noch klein; Äste: am Stamm dicht senkrecht niederhängend

120 Blau-Fichte

Picea pungens Engelm. *'Glauca' (Pinaceae)*
Höhe: 24,50 m
Stammdurchmesser: 0,45 m
Wuchs: untere Äste schräg herabhängend; Nadeln: blaugrau bis silberweiß

121 Riesenmammutbaum ⊃ S. 40

Sequoiadendron giganteum (Lindl.) Buchholz *(Taxodiaceae)*
Verbreitung: USA (Kalifornien, Sierra Nevada)
Höhe: 8,00 m
Stammdurchmesser: 0,22 m
Besonderheit: in seiner Heimat 80–100 m hoher Baum; Äste: stehen rund um den Stamm, neigen sich nach unten; Nadeln: immergrün, schuppenartig, lanzettlich bis pfriemförmig zugespitzt, graugrün bis blaugrün, stehen in drei Längsreihen spiralig am Trieb.
Die ersten Bäume gelangten 1853 nach Europa, benannt nach Sequoyah, dem Schöpfer einer Cherokee-Silbenschrift. Das Pillnitzer Exemplar wurde 1974 anlässlich einer Dendrologentagung gepflanzt.

122 Sorte der Erbsenfrüchtigen Scheinzypresse ○ S. 24
Chamaecyparis pisifera (Sieb. et Zucc.) Endl.
'Plumosa' (Cupressaceae)
Höhe: 30,00 m
Stammdurchmesser: 0,90 m

123 Sorte der Lawsons Scheinzypresse ○ S. 24
Chamaecyparis lawsoniana (A. Murray) Parl.
'Lutea' (Cupressaceae)
Höhe: 13,00 m
Stammdurchmesser: 0,20 m
Besonderheit: Bezweigung gelblich

124 Serbische Fichte
Picea omorika (Pancic) Purk. *(Pinaceae)*
Verbreitung: Südosteuropa
Höhe: 8,00 m
Stammdurchmesser: 0,16 m

125 Dreh-Kiefer
Pinus contorta Douglas ex Loudon *(Pinaceae)*
Verbreitung: westliches Nordamerika
Höhe: 10,50 m
Stammdurchmesser: 0,15 m
Wuchs: kleiner Baum; Zweige: junge Zweige anfangs grün, später bräunlich, nie bereift; Nadeln: 2-nadlig, dicht stehend, gerade, meist gedreht, 3-6 cm lang

126 Sibirische Tanne
Abies sibirica Ledeb. *(Pinaceae)*
Verbreitung: Sibirien, Kamtschatka, nordöstliches China
Höhe: 8,00 m
Stammdurchmesser: 0,90 m
Besonderheit: am Stamm zahlreiche Harzbeulen

127 Japanische Eibe
Taxus cuspidata Sieb. et Zucc. *(Taxaceae)*
Verbreitung: Japan, Korea, Mandschurei
Höhe: 2,50 m
Nadeln: 18–32 mm lang, länger und gerader als die von *Taxus baccata*; dem großen Eibenbestand vorgelagert

128 Schlangenhaut-Kiefer
Pinus leucodermis Antoine *(Pinaceae)*
Verbreitung: Balkan
Höhe: 13,00 m
Stammdurchmesser: 0,23 m

129 Sorte der Lawsons Scheinzypresse
Chamaecyparis lawsoniana (A. Murray) Parl.
'Tharandtensis' (Cupressaceae)
Höhe: 4,75 m
Stammdurchmesser: 1) 0,11 m 2) 0,19 m
Wuchs: Zwiesel in 0,50 m Höhe

130 Österreichische Schwarz-Kiefer
Pinus nigra Arnold *ssp. nigra (Pinaceae)*
Verbreitung: Österreich, Jugoslawien, Griechenland
Höhe: 9,00 m
Stammdurchmesser: 0,16 m

131 Gemeine Kiefer
Pinus sylvestris L. *(Pinaceae)*
Verbreitung: Europa, Ostasien
Höhe: 17,50 m
Stammdurchmesser: 0,32 m

132 Sorte des Riesen-Lebensbaums
Thuja plicata Donn ex D. Don *'Aurea'*
(Cupressaceae)
Höhe: 9,00 m
Stammdurchmesser: 0,22 m
Besonderheit: gelblicher Austrieb

133 Sorte der Erbsenfrüchtigen Scheinzypresse
Chamaecyparis pisifera (Sieb. et Zucc.) Endl.
'Plumosa Aurea' (Cupressaceae)
Höhe: 22,00 m
Stammdurchmesser: 0,36 m
Besonderheit: goldgelbe Sorte

134 Erbsenfrüchtige Scheinzypresse
Chamaecyparis pisifera (Sieb. et Zucc.) Endl.
(Cupressaceae)
Verbreitung: Japan
Höhe: 28,50 m
Stammdurchmesser: 0,55 m
Besonderheit: größte Erbsenfrüchtige Scheinzypresse im Pillnitzer Schlosspark

135 Abendländischer Lebensbaum
Thuja occidentalis L. *(Cupressaceae)*
Verbreitung: Nordamerika
Höhe: 13,00 m
Stammdurchmesser: 0,20 m

136 Sorte des Abendländischen Lebensbaums
Thuja occidentalis L. *'Globosa' (Cupressaceae)*
Höhe: 2,50 m
Stammdurchmesser: 0,05 m
Wuchs: kugelförmig

137 Riesen-Lebensbaum
Thuja plicata Donn ex D. Don *(Cupressaceae)*
Verbreitung: Nordamerika
Höhe: 14,00 m
Stammdurchmesser: 0,34 m
Wuchs: Krone kegelförmig; Blätter: Schuppenblätter oberseits dunkelgrün, glänzend, unterseits mit weißlicher Zeichnung, zerrieben stark aromatisch duftend

138 Orientalische Fichte
Picea orientalis (L.) Link *(Pinaceae)*
Verbreitung: Kleinasien, Kaukasus
Höhe: 13,00 m
Stammdurchmesser: 0,25 m
Besonderheit: umgeben von *Taxus baccata*

139 Sorte der Gemeinen Kiefer
Pinus sylvestris L. *'Pumila' (Pinaceae)*
Höhe: 1,70 m
Wuchs: eirundliche, buschige Zwergform; junges Exemplar

140 Erbsenfrüchtige Scheinzypresse
Chamaecyparis pisifera (Sieb. et Zucc.) Endl.
(Cupressaceae)
Verbreitung: Japan
Höhe: 23,00 m
Stammdurchmesser: 0,50 m
Wuchs: in 5 m Höhe Zwieselbildung

141 Weymouths-Kiefer
Pinus strobus L. *(Pinaceae)*
Verbreitung: Nordamerika
Höhe: 8,00 m
Stammdurchmesser: 0,15 m

142 Sorte des Abendländischen Lebensbaums
Thuja occidentalis L. *'Silvergreen'*
(Cupressaceae)
Höhe: 12,00 m
Stammdurchmesser: 0,28 m
Besonderheit: Sorte mit hellen Blättern

3. Teil: Englischer Garten

Der nach 1778 angelegte Englische Garten stellte die erste Erweiterung der barocken Spielanlage von Pillnitz im landschaftlichen Stil dar. Zu diesem Zweck wurde ein angrenzendes und besonders fruchtbares Stück Land erworben. Diese kleine, verhältnismäßig frühe Anlage ist im Kontext mit den Gestaltungen im Seifersdorfer Tal oder im Plauenschen Grund zu sehen und deshalb nicht vergleichbar mit den großen deutschen Landschaftsgärten aus der ersten Hälfte des 19. Jahrhunderts.

Der dritte Wegabschnitt des Rundgangs beginnt südlich des Kamelienhauses an einer großen Blut-Buche. Er führt zunächst um das Kamelienhaus herum und dann in westlicher Richtung zum Englischen Teich. Von dort geht es in südlicher Richtung bis in die Nähe der Heckengärten und in einem weiten Bogen zum Englischen Teich und der darin gelegenen Insel zurück, auf der sich ein weithin sichtbarer Abguss der römischen Juno Ludovisi befindet. Nun streift der Weg den Englischen Pavillon und führt schließlich ein kurzes Stück an der Parkmauer entlang in südöstlicher Richtung – bis hin zur Orangerie, an deren Südostgiebel er endet.

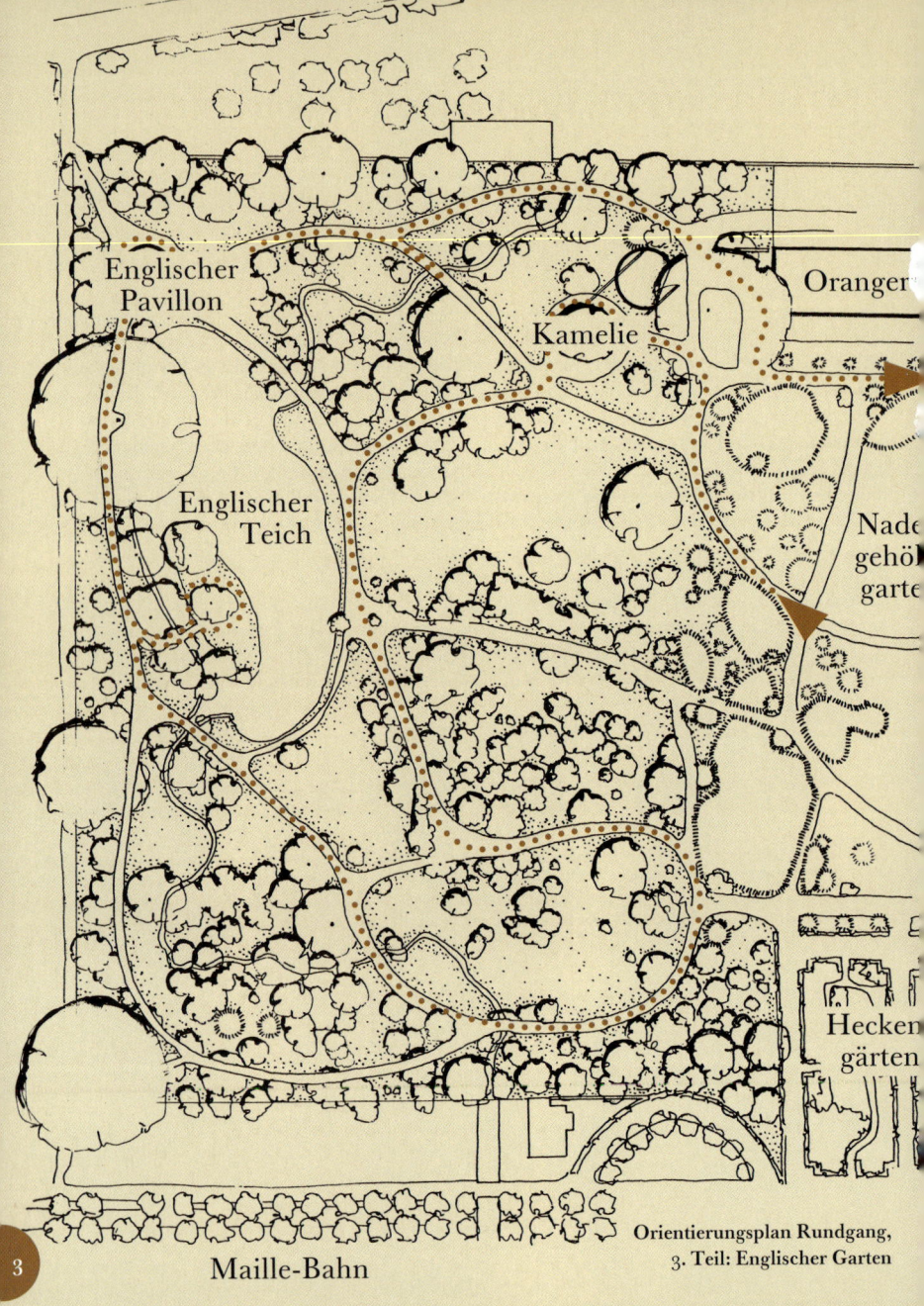

Englischer
Pavillon

Kamelie

Oranger

Englischer
Teich

Nade
gehö
garte

Hecken
gärten

Maille-Bahn

Orientierungsplan Rundgang,
3. Teil: Englischer Garten

Blütenzweig der Japanischen Zaubernuss

Blütenzweig der Purpur-Magnolie

1 Blut-Buche

Fagus sylvatica L. '*Atropunicea*' *(Fagaceae)*
Höhe: 33,50 m
Stammdurchmesser: 1,48 m
Besonderheit: freistehendes Exemplar mit
großer Krone

2 Schwarz-Birke

Betula nigra L. *(Betulaceae)*
Verbreitung: östliches bis südöstliches
Nordamerika
Höhe: 17,50 m
Stammdurchmesser: 0,78 m
Borke: fast schwärzlich; Zweige: jüngere
Äste sind rot bis gelbbraun; Triebe: dicht
grauzottig

3 Amerikanischer Geweihbaum

Gymnocladus dioicus (L.) K. Koch
(Caesalpiniaceae)
Verbreitung: nordöstliches bis südöstliches
Nordamerika
Höhe: 20,00 m
Stammdurchmesser: 0,54 m

Äste: unbelaubt wirken sie in ihrer Verzweigung geweihartig; Blätter: 80 cm lang,
doppelt gefiedert, goldgelbe Herbstfärbung;
treibt im Frühjahr spät aus

4 Japanische Zaubernuss ○

Hamamelis japonica Sieb. et Zucc.
(Hamamelidaceae)
Verbreitung: Japan
Höhe: 5,50 m
Wuchs: Strauch; Blätter: grob gekerbt, in
der Mitte am breitesten; Blüten: gelb, vier
Kronenblätter, schmal linealisch, bis 2 cm
lang; Blütezeit: Januar/März

5 Sorte der Purpur-Magnolie ○

Magnolia liliiflora Desr. '*Nigra*'
(Magnoliaceae)
Höhe: 4,00 m
Wuchs: strauchförmig; Blüten: Sorte mit
der dunkelsten Blütenfarbe aller Magno-
lien, Blütenblätter 10–12 cm lang, außen
dunkelpurpurn gefärbt, innen rosa bis
weiß; Blütezeit: Mai/Juni, zeigt oft eine
Nachblüte

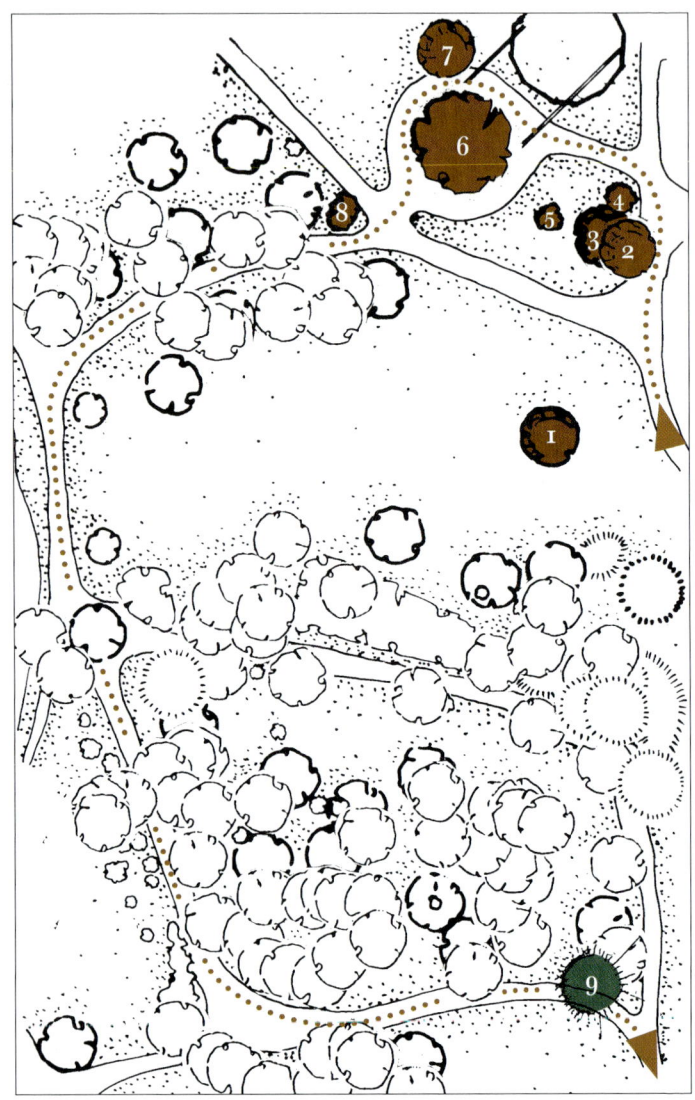

Detailplan I

Dendrologischer Rundgang durch den Schlosspark

Die Japanische Kamelie in voller Blüte

6 Japanische Kamelie ○

Camellia japonica L. *(Theaceae)*
Verbreitung: Japan, Korea
Höhe: 9,05 m
Stammdurchmesser: 0,36 m (über der Erde gemessen); 0,33 m (in 10 cm Höhe über der Erde gemessen)
Kronendurchmesser: 11,20–11,50 m
Blätter: immergrün, breit elliptisch, derb ledrig; Blüten: nicht gefüllt, karminrot

Unter der Bezeichnung Kamelie werden 82 Arten immergrüner kleiner Bäume und Sträucher aus der Familie der *Theaceae* (Teegewächse) zusammengefasst, deren Herkunftsgebiete in Südost- und Ostasien liegen. Erste Pflanzen der wohl attraktivsten Art *Camellia japonica* sollen bereits im 17. Jahrhundert durch Kaufleute der Ostin-

dischen Kompagnie nach England gelangt sein. Herkunft und genaues Alter der Pillnitzer Kamelie konnten bisher nicht zweifelsfrei ermittelt werden. Die Pflanze ist vermutlich in den 80er Jahren des 18. Jahrhunderts nach Pillnitz gelangt.

Der Legende nach brachte der schwedische Botaniker und Schüler Linnés, Karl Peter Thunberg (1743–1828), vier Kamelienpflanzen (*Camellia japonica*) von seiner Japanreise (1775–1776) in die Königlichen Gärten Kew bei London. Ein Exemplar verblieb in Kew, die anderen drei Pflanzen sollen in die Gärten Herrenhausen bei Hannover, Schönbrunn bei Wien und Pillnitz bei Dresden weitergegeben worden sein. Wenn dies zuträfe, wäre die Pillnitzer Pflanze das einzige überlebende Exemplar der von Thunberg aus Japan mitgebrachten

Kamelien. Thunberg, der insgesamt ein Jahr und fünf Monate als Arzt in der holländischen Faktorei auf der Insel Dejima in Nagasaki tätig war, besuchte England 1779 auf seiner Rückreise nach Schweden. Ausgehend von dieser Tatsache und den Erkenntnissen über die Verbreitung der Kamelie vor 1800 kann angenommen werden, dass die Pillnitzer Kamelie zwischen 1780 und 1790 an den Dresdner Hof gelangte. Nach speziellen Recherchen und Anfragen in Kew Gardens bestehen allerdings große Zweifel an der Richtigkeit der Geschichte. Möglicherweise kam die Pflanze auch auf einem ganz anderen Weg nach Pillnitz.

Bereits 1801 pflanzte sie der Gärtnergehilfe Carl Adolph Terscheck (1782–1869) an dem Ort aus, an dem sie sich heute noch befindet. Von Anfang an wurde sie im Winter abgedeckt, anfangs noch mit Stroh und Bastmatten, später mit Holzhäusern, die auf komplizierte Weise auf- und abgebaut sowie beheizt werden mussten. Anfang Januar 1905 kam es durch eine Überhitzung des Heizhauses zu einem Brand des hölzernen Kamelienhauses. Durch das bei einer Außentemperatur von –20 ° C zu einem Eisberg gefrorene Löschwasser wurde die Pflanze geschützt und trieb noch im gleichen Frühjahr wieder aus.

1992 erhielt die Pillnitzer Kamelie ihr heutiges, erstmals fahrbares Schutzhaus, in dem Temperatur, Belüftung, Luftfeuchte und Beschattung durch einen Klimacomputer geregelt werden. Das Haus ist 13,20 m hoch, wiegt 54 t und umfasst einen Luftraum von 1864 m³. Von Mitte Oktober bis Mitte Mai verbringt die Kamelie hier bei einer Temperatur von 4 bis 6 ° C die kalten Monate. In der warmen Jahreszeit wird das Haus neben die Kamelie gerollt, so dass die Pflanze frei im Park steht.

Die Blütezeit fällt in die Monate Februar bis April. Die bis zu 35 000 Blüten sind karminrot und duften nicht.

7 Ginkgo

Ginkgo biloba L. *(Ginkgoaceae)*
Verbreitung: Südostchina
Höhe: 28,50 m
Stammdurchmesser: 0,52 m
Wuchs: schmal, gerade; hier nach kurzem Stammstück 5-stämmig; Blätter: flächig, ledrig, fächerförmig und fein gabelig verzweigt, goldgelbe Herbstfärbung; Blüten: zweihäusig
Besonderheit: Die Art war im Mesozoikum der Erdgeschichte stark verbreitet und formenreich. Heute existiert nur noch eine Art, weshalb Darwin den Ginkgo als lebendes Fossil bezeichnete. Ginkgos wurden in der Zeit von 1727 bis 1737 nach Europa eingeführt.

8 Gemeine Stechhülse

Ilex aquifolium L. *(Aquifoliaceae)*
Verbreitung: atlantisches Europa
Höhe: 7,00 m
Wuchs: strauchförmig; Blätter: oft stark stachelig gezähnt, gewellt, ledrig, oberseits stark glänzend; Früchte: glänzend rot, kugelig

9 Kanadische Hemlocktanne

Tsuga canadensis (L.) Carr. *(Pinaceae)*
Verbreitung: nordöstliches bis südöstliches Nordamerika
Höhe: 19,00 m
Stammdurchmesser: 0,45 m
Besonderheit: Ein zweites Exemplar steht gegenüber auf der rechten Seite des Weges am Rande ausgebreiteter *Taxus*-Bestände.

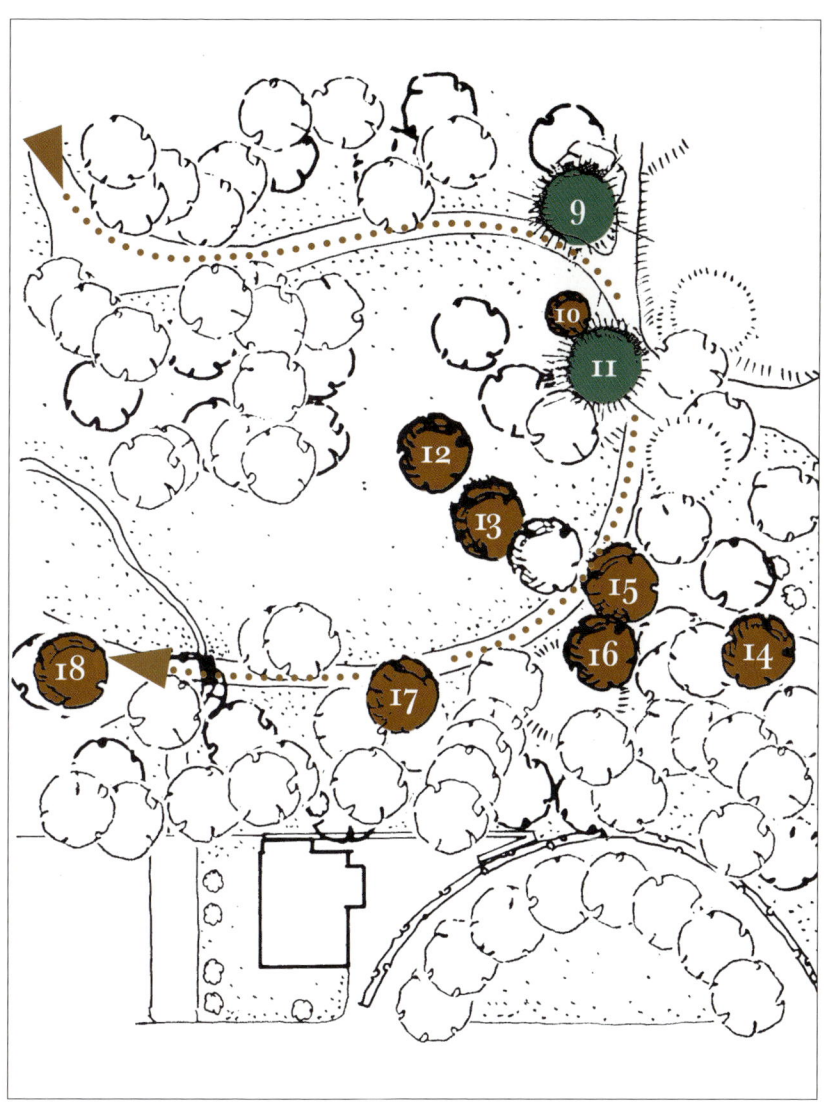

Detailplan II

3. Teil: Englischer Garten

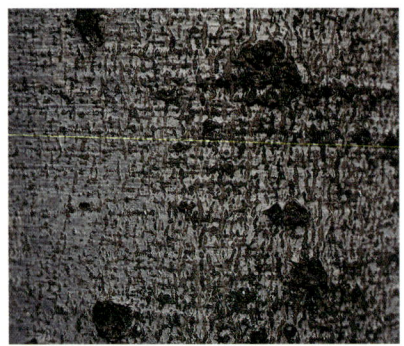

Stammstück der Schwarz-Birke mit typischer dunkler Rinde

Stammstück der Ermans-Birke mit typischer Rinde

10 Schneeballblättriger Ahorn

Acer opalus Mill. *(Aceraceae)*
Verbreitung: Zentral- und Südosteuropa
Höhe: 2,50 m
Blätter: fünflappig, Lappen kurz und abgerundet, Mittellappen manchmal dreilappig eingebuchtet; junges Bäumchen in der Kurve des abbiegenden Rundweges

11 Weymouths-Kiefer

Pinus strobus L. *(Pinaceae)*
Verbreitung: Nordamerika
Höhe: 18,50 m
Stammdurchmesser: 0,28 m

12 Kanadische Pappel

Populus x canadensis Moench *(Salicaceae)*
Höhe: 28,00 m
Stammdurchmesser: 0,36 m
Besonderheit: Hybride von *Pop. deltoides x Pop. nigra*

13 Kobushi-Magnolie

Magnolia kobus DC. *(Magnoliaceae)*
Verbreitung: Japan

Höhe: 7,00 m
Stammdurchmesser: 0,10 m
Blätter: verkehrt eiförmig, plötzlich zugespitzt

14 Sand-Birke

Betula pendula Roth *(Betulaceae)*
Verbreitung: Europa, Sibirien, Kleinasien, Kaukasus
Höhe: 26,00 m
Stammdurchmesser: 0,31 m
Steht etwas abseits kurz vor der Hainbuchenhecke neben Eibe und Haselnuss; vervollständigt die interessante Birkenkollektion

15 Schwarz-Birke ○

Betula nigra L. *(Betulaceae)*
Verbreitung: östliches bis südöstliches Nordamerika
Höhe: 22,00 m
Stammdurchmesser: 0,31 m
Besonderheit: ein junges Exemplar im Vergleich zu Nr. 2, 1954 gepflanzt

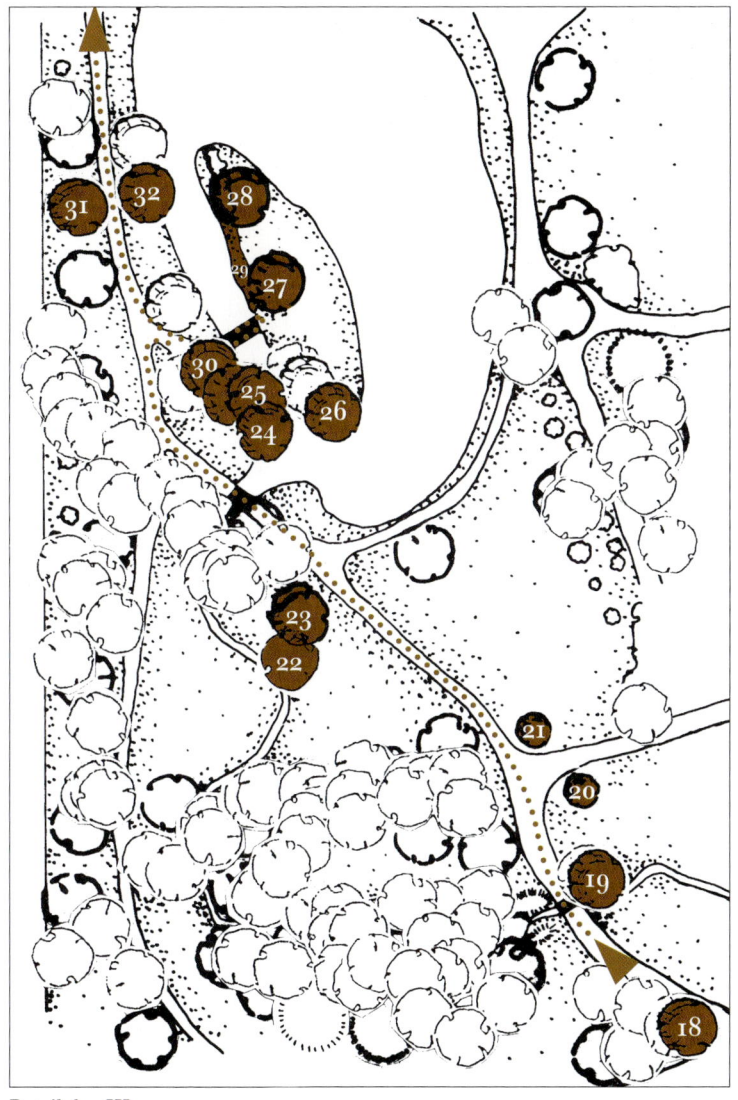

Detailplan III

3. Teil: Englischer Garten

16 Ermans-Birke ⊃ S. 54

Betula ermanii Cham. *(Betulaceae)*
Verbreitung: Japan, Korea, Sachalin
Höhe: 23,00 m
Stammdurchmesser: 0,30 m
Borke: gelbweiß, in breiten Querstreifen
abrollend, darunter gelbbraun; 1954 ge-
pflanzt

17 Scharlach-Weißdorn

Crataegus pedicellata Sarg. (syn. *Crataegus coccinea*) *(Rosaceae)*
Verbreitung: nordöstliches Nordamerika
Höhe: 9,50 m
Stammdurchmesser: 0,12 m
Dornen: 3–5 cm lang; Blätter: breit eiför-
mig; Früchte: glänzend scharlachrot

18 Rot-Eiche

Quercus rubra L. *(Fagaceae)*
Verbreitung: Nordamerika
Höhe: 28,50 m
Stammdurchmesser: 0,79 m

19 Hainbuche

Carpinus betulus L. *(Betulaceae)*
Verbreitung: Mitteleuropa, Kleinasien
Höhe: 14,00 m
Stammdurchmesser: 0,30 m
Besonderheit: schlingt sich um den Stamm
eines Berg-Ahorns

20 Baum-Hasel

Corylus colurna L. *(Betulaceae)*
Verbreitung: Südosteuropa, Kleinasien
Höhe: 13,50 m
Stammdurchmesser: 0,22 m
Blätter: verkehrt breit eiförmig, am Grund
stark herzförmig, bis 15 cm lang; Früchte:
in Büscheln, die flachen, dickschaligen
Nüsse sitzen in einer drüsigen, riemenartig
tief zerschlitzten Hülle

21 Amerikanischer Lederhülsenbaum

Gleditsia triacanthos L. *(Caesalpiniaceae)*
Verbreitung: mittlere, nordöstliche und
südöstliche USA, Europa
Höhe: 10,00 m
Stammdurchmesser: 0,13 m
Dornen: an Zweigen und oft auch am
Stamm; Blätter: einfach oder doppelt ge-
fiedert mit bis zu 34 Blättchen; frühe gelbe
Herbstfärbung; Blüten: weißliche Trauben;
Früchte: bis 40 cm lange Hülsenfrüchte;
benannt nach dem deutschen Botaniker
Gleditsch (im 18. Jahrhundert Direktor des
Botanischen Gartens Berlin)

22 Schmalblättrige Esche

Fraxinus angustifolia Vahl *(Oleaceae)*
Verbreitung: Südeuropa
Höhe: 21,50 m
Stammdurchmesser: 0,35 m

23 Sommer-Linde

Tilia platyphyllos Scop. *(Tiliaceae)*
Verbreitung: Europa, Kaukasus, Britische
Inseln
Höhe: 28,00 m
Stammdurchmesser: 0,73 m

24 Gemeine Robinie

Robinia pseudoacacia L. *(Fabaceae)*
Verbreitung: Nordamerika, Europa
Höhe: 17,00 m
Stammdurchmesser: 0,31 m
Besonderheit: bereits 1675 in Leipzig ange-
pflanzt

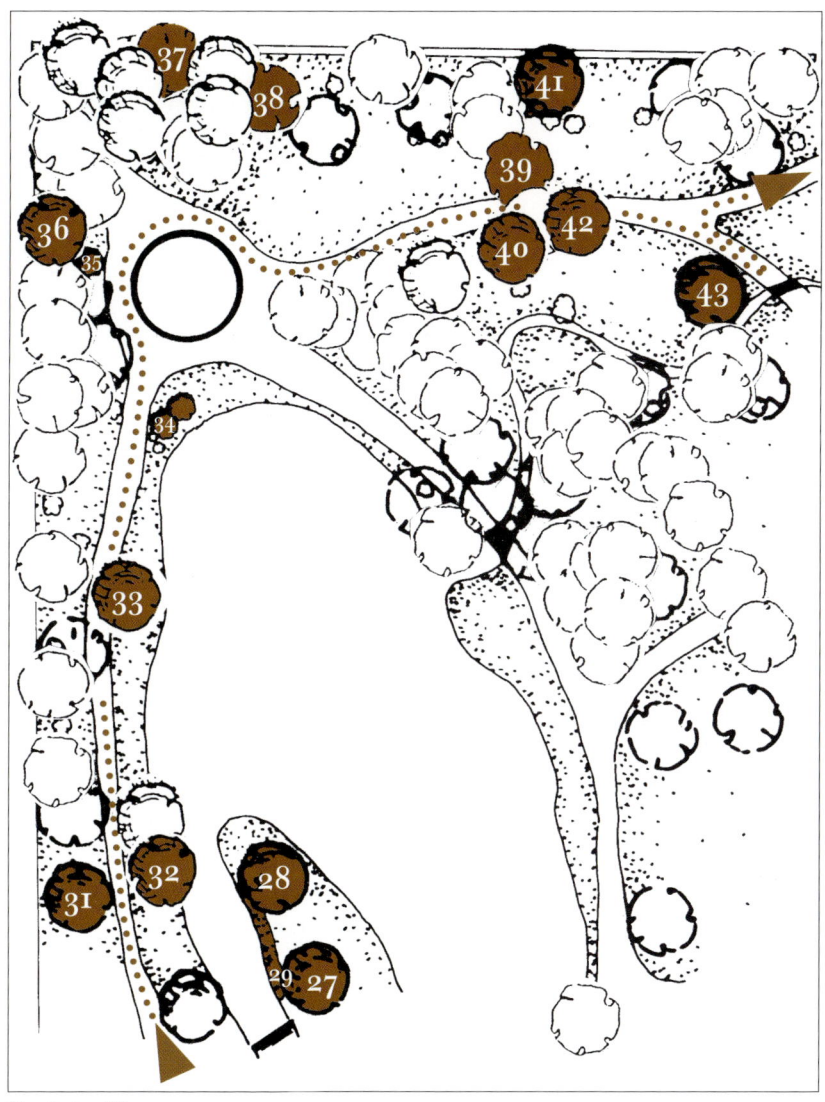

Detailplan IV

25 Hänge-Weide
Salix alba L. *'Tristis'* L. *(Salicaceae)*
Verbreitung: Europa, Westasien, Himalaja
Höhe: 3,00 m
Stammdurchmesser: 0,76 m
Besonderheit: abgesetzt auf 3 m Höhe; kern-
faul, abgängig

26 Gemeine Robinie
Robinia pseudoacacia L. *(Fabaceae)*
Verbreitung: Nordamerika, Europa
Höhe: 17,00 m
Stammdurchmesser: 0,44 m

27 Sumpf-Eiche
Quercus palustris Münchh. *(Fagaceae)*
Verbreitung: Nordamerika
Höhe: 33,50 m
Stammdurchmesser: 1,00 m
Wuchs: Stamm fast durchgehend; Blätter:
8–15 cm lang, jederseits mit 2–4 waagerecht
abstehenden, spitzen, gezähnten Lappen,
meist braune Herbstfärbung

28 Sommer-Linde
Tilia platyphyllos Scop. *(Tiliaceae)*
Verbreitung: Europa, Kaukasus, Britische
Inseln
Höhe: 22,50 m
Stammdurchmesser: 0,61 m

29 Behaarter Gift-Sumach
Rhus toxicodendron L. *(Anacardiaceae)*
Verbreitung: Asien, Nordamerika
Höhe: 0,50 m
Wuchs: sommergrüner Strauch; nicht kletternd; unterirdische Ausläufer treibend;
Triebe: aufrecht; Blätter: eiförmig rhom-
bisch, ziemlich derb, 3–7 Lappen, unterseits behaart, Herbstfärbung scharlachrot
bis orange; Blüten: grünlich weiß in lockeren achselständigen, 3–7 cm langen Ris-

Tulpenbaum im Herbst

pen; Früchte: kugelig, bis 5 mm dick, grünlich weiß, behaart; giftig! Berührung der
bloßen Haut mit dem Zellsaft führt zu Ver-
brennungen, Schwellungen!

30 Tulpenbaum ○
Liriodendron tulipifera L. *(Magnoliaceae)*
Verbreitung: östliche und südöstliche USA
Höhe: 32,50 m
Stammdurchmesser: 1,00 m
Blätter: im Umriss fast viereckig, Mittellappen mit sattelförmiger Einbuchtung,
zwei Spitzen bildend; Blüten: glockig, tul-
penähnlich, gelb, drei abstehende Kelch-
blätter, Kronblätter mit breitem orangefar-
benem Band, eindrucksvolle Blüte; Blütezeit: Mai / Juni
Der Pflanzenname kommt aus dem Griechischen: leirion = Lilie, dendron = Baum.
Die Art wurde Mitte des 17. Jahrhunderts
nach Europa eingeführt. Zwei weitere
Exemplare stehen im unmittelbaren Umfeld des Baumes. Alle drei Exemplare wurden vermutlich 1778 gepflanzt.

31 Gurken-Magnolie
Magnolia acuminata (L.) L. *(Magnoliaceae)*
Verbreitung: Nordamerika
Höhe: 6,50 m
Stammdurchmesser: 0,15 m
Blätter: 12-24 cm lang; Blüten: grünlich
gelb, glockig; Blütezeit: Juni/Juli; Früchte:
5-8 cm lang

32 Schwarz-Erle
Alnus glutinosa (L.) Gaertn. *(Betulaceae)*
Verbreitung: Europa, Westsibirien, Asien,
nordwestliches Afrika
Höhe: 15,00 m
Stammdurchmesser: 0,52 m
Besonderheit: schöner Habitus

33 Ahornblättrige Platane
Platanus x hispanica Münchh. (syn. *Platanus
x acerifolia*) *(Platanaceae)*
Höhe: 33,00 m
Stammdurchmesser: 2,42 m
Hybride aus *P. occidentalis x P. orientalis*;
Wuchs: ab etwa 2 m Höhe bildete der
Baum 6 Stämme, stärkster Baum des Pillnitzer Schlossparks; mindestens sieben er-
wachsene Personen können mit ausge-
streckten Armen den Stamm umfassen
(etwa 7 m Umfang); Pflanzjahr vermutlich
1778; prägt die Umgebung zwischen Pavillon und Teich besonders

34 Roter Hartriegel
Cornus sanguinea L. *(Cornaceae)*
Verbreitung: Europa, nördliches Klein-
asien, Kaukasus
Höhe: 5,25-6,00 m
Sträucher stehen vor dem Englischen Pa-
villon direkt am Teich

35 Breitblättriger Spindelstrauch
Euonymus latifolius (L.) Mill. *(Celastraceae)*
Verbreitung: Südosteuropa, Kaukasus,
Kleinasien
Höhe: 3,25 m
Im Park verbreiteter Strauch im Unterholz
(Selbstaussaat)

36 Winter-Linde
Tilia cordata Mill. *(Tiliaceae)*
Verbreitung: Europa
Höhe: 22,00 m
Stammdurchmesser: 0,68 m

37 Berg-Ahorn
Acer pseudoplatanus L. *(Aceraceae)*
Verbreitung: Europa, Kaukasus, Türkei
Höhe: 28,50 m
Stammdurchmesser: 0,81 m
Altes Exemplar direkt an der Parkmauer

38 Ess-Kastanie
Castanea sativa Mill. *(Fagaceae)*
Verbreitung: Mittel- und Südeuropa,
Kleinasien
Höhe: 29,50 m
Stammdurchmesser: 1,40 m
Blätter: ungeteilt elliptisch, mit stachligen
Blattzähnen; Früchte: mit Fruchtbecher,
der zur Reife in vier Schalen aufspringt,
zahlreiche Stacheln; Samen werden Maro-
nen genannt; wichtiges Nahrungsmittel in
Süditalien; in Deutschland reifen die
Samen nur in günstigen, warmen Lagen.
Besonderheit: Art vermutlich nördlich der
Alpen durch die Römer eingebürgert.
Das Pillnitzer Exemplar ist über 200 Jahre
alt und hat Blitzschlag und Sturmschäden
über sich ergehen lassen müssen.

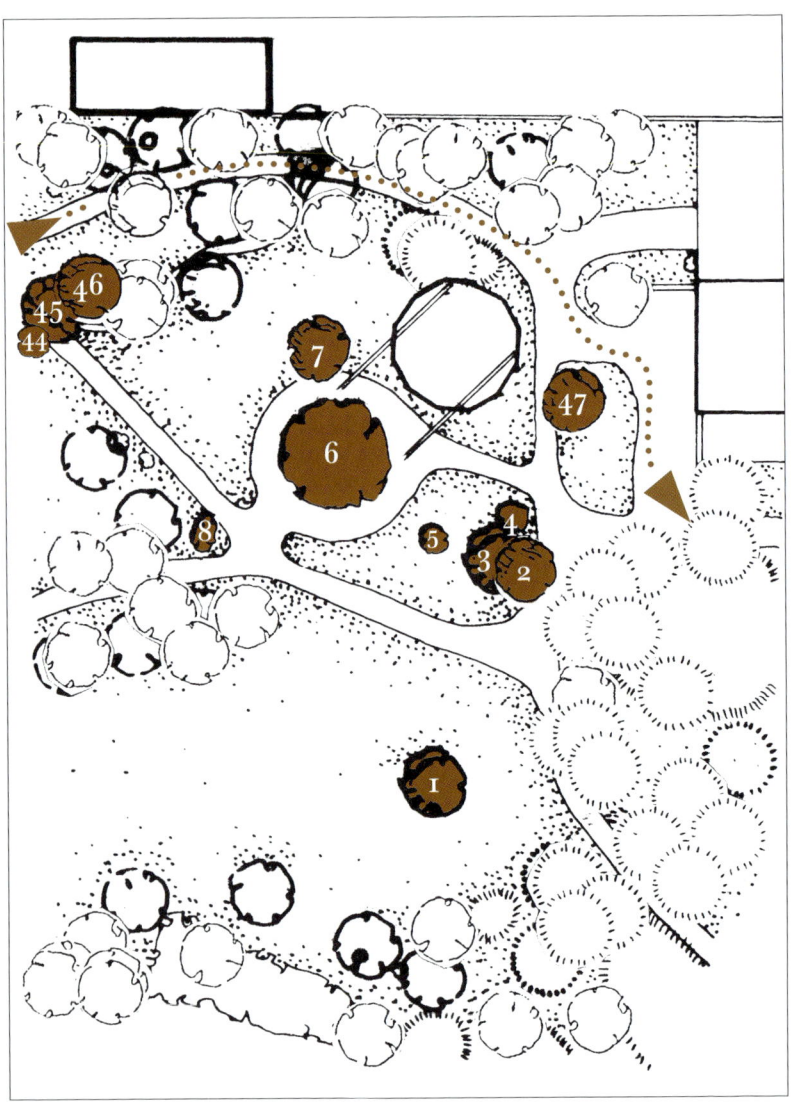

Detailplan V

Dendrologischer Rundgang durch den Schlosspark

39 Baumartige Felsenbirne
Amelanchier arborea (F. Michx.) Fernald
(Rosaceae)
Verbreitung: nördliches bis südöstliches
Nordamerika
Höhe: 13,00 m
Stammdurchmesser: 0,03-0,14 m
Wuchs: mehrstämmig; Zweige: ansteigend,
graubraun, glatt; Blätter: erscheinen nach
der Blüte, bis 10 cm lang, leicht purpurrote
Herbstfärbung; Blüten: in leicht hängen-
den, seidig behaarten Trauben, bis zu 10
Einzelblüten, duftend; Blütezeit: März/
April; Früchte: etwas trocken, mehlig, ohne
Geschmack, Fruchtreife im Juni, früh ab-
fallend; Pflanze benötigt feuchten Boden

40 Zweifarbige Eiche
Quercus bicolor Willd. *(Fagaceae)*
Verbreitung: Nordamerika
Höhe: 29,00 m
Stammdurchmesser: 0,68 m
Besonderheit: Der gesamte Stamm dieses
Exemplars hat in mehreren Borkenfurchen
einen Neuaustrieb; Blätter: 10-16 cm lang,
mit 6-8 abgerundeten Lappen auf jeder
Blattseite, spitz zulaufend an der Basis, im
Blatt ist eine gewisse Ähnlichkeit mit *Quer-
cus prinus* gegeben; ein weiteres Exemplar
dieser Art steht unweit des Ginkgos hinter
der Kamelie

41 Stiel-Eiche
Quercus robur L. *(Fagaceae)*
Verbreitung: Europa, Kaukasus
Höhe: 30,00 m
Stammdurchmesser: 1,72 m
Kronendurchmesser: 16,00 m
Besonderheiten: mächtiger Baum an der
vorderen Parkmauer, größte Stiel-Eiche
des Parkes

42 Rot-Eiche
Quercus rubra L. *(Fagaceae)*
Verbreitung: Nordamerika
Höhe: 23,00 m
Stammdurchmesser: 0,92 m

43 Blumen-Esche
Fraxinus ornus L. *(Oleaceae)*
Verbreitung: Südeuropa
Höhe: 12,00 m
Stammdurchmesser: 1) 0,10 m 2) 0,17 m
3) 0,13 m
Relativ kleiner Baum; Wuchs: 3-stämmig;
Blüten: endständige weiße Rispen; Blüte-
zeit: Mai/Juni

44 Sorte der Gemeinen Stechhülse
Ilex aquifolium L. *'Angustifolia' (Aquifoliaceae)*
Höhe: 4,25 m
Stammdurchmesser: 0,05-0,07 m
Wuchs: Zwiesel, kegelförmig; Blätter: lanzettlich, 2-4 cm lang, wenig gewellt, im Ge-
gensatz zum Typ kleinere, schwach besta-
chelte Blätter; ein weiteres Exemplar steht
wenige Meter östlich am Bach

45 Echte Quitte
Cydonia oblonga Mill. *(Rosaceae)*
Verbreitung: Kaukasus bis Mittelasien,
Südostarabien; in Süd- und Mitteleuropa,
Nordafrika, Syrien und Kleinasien einge-
bürgert
Höhe: 4,00 m
Wuchs: kleiner Strauch; Borke blättert in
typischer Weise vom Stamm

Blütenzweige der Garten-Magnolie

Blüte der Stern-Magnolie

46 Garten-Magnolie und Stern-Magnolie ○

1) *Magnolia x soulangiana* Soul.-Bod.
2) *Magnolia stellata* (Sieb. et Zucc.) Maxim.
(Magnoliaceae)
Verbreitung: 1) Kulturhybride 2) Japan
Höhe: 8,00 m
Stammdurchmesser: 1) 0,10 m 2) 0,09 m
Besonderheit: Die Stern-Magnolie ist auf das untere Stammstück der Garten-Magnolie veredelt; Blütezeit der Stern-Magnolie: April; Blütezeit der Garten-Magnolie: Mai

47 Rot-Eiche

Quercus rubra L. *(Fagaceae)*
Verbreitung: Nordamerika
Höhe: 29,00 m
Stammdurchmesser: 1,72 m
Kronendurchmesser: 28,00 m
Besonderheit: prachtvoller Baum, der hier einen idealen Standort besitzt und einen starken Triebzuwachs entwickelt; Blätter: 12-22 cm lang, jederseits mit 3-5 breiten, unregelmäßig spitz gezähnten Lappen, die Buchten gehen höchstens bis zur Blattmitte; Pflanzjahr 1778; die Art ist im Park mehrfach vorhanden

4. Teil: Holländischer und Chinesischer Garten, Großer Schlossgarten

Dieser Teil des Rundganges führt durch die hinter der Orangerie am Palmenhaus gelegenen östlichen Parkteile, vorbei an Chinesischem Teich und Chinesischem Pavillon – bis hin zur hinteren Parkpforte am Pillnitzer Platz. Von dort geht es zurück bis zur hinteren Querallee am Großen Schlossgarten (ursprünglich Parkgrenze, bis 1785 eine Dorfstraße). Der Weg endet am nordwestlichen Giebel des Bergpalais.

Das Gelände oberhalb der Querallee kam 1785 durch Zukauf zum Park hinzu. Es sollte u. a. Raum für die vielen in dieser Zeit gesammelten Warm- und Kalthauspflanzen bieten, weshalb sich dort auch mehrere Gewächshäuser befanden. Die Bezeichnung dieser Gartenpartie als Holländischer Garten ist nicht auf die nieder-ländische Gartenkunst, sondern auf die ehemals recht umfangreiche Sammlung australischer Pflanzen, die so genannten Neuholländer und auf zahlreiche Pflanzen aus Südafrika, die so genannten Holländer, zurückzuführen, die dort ihren Platz gefunden hatten.

Durch einen Landkauf nordöstlich der damaligen Parkbegrenzung kam es 1793 zur letzten Erweiterung des Parkes. Dieser Teil wurde wegen des dort befindlichen Chinesischen Pavillons als Chinesischer Garten bezeichnet und erhielt eine freie landschaftliche Gestaltung mit Baumgruppen, einer großen Wiese und großzügiger Wegeführung. Das letzte Stück des Weges führt durch die Lindenallee des Großen Schlossgartens.

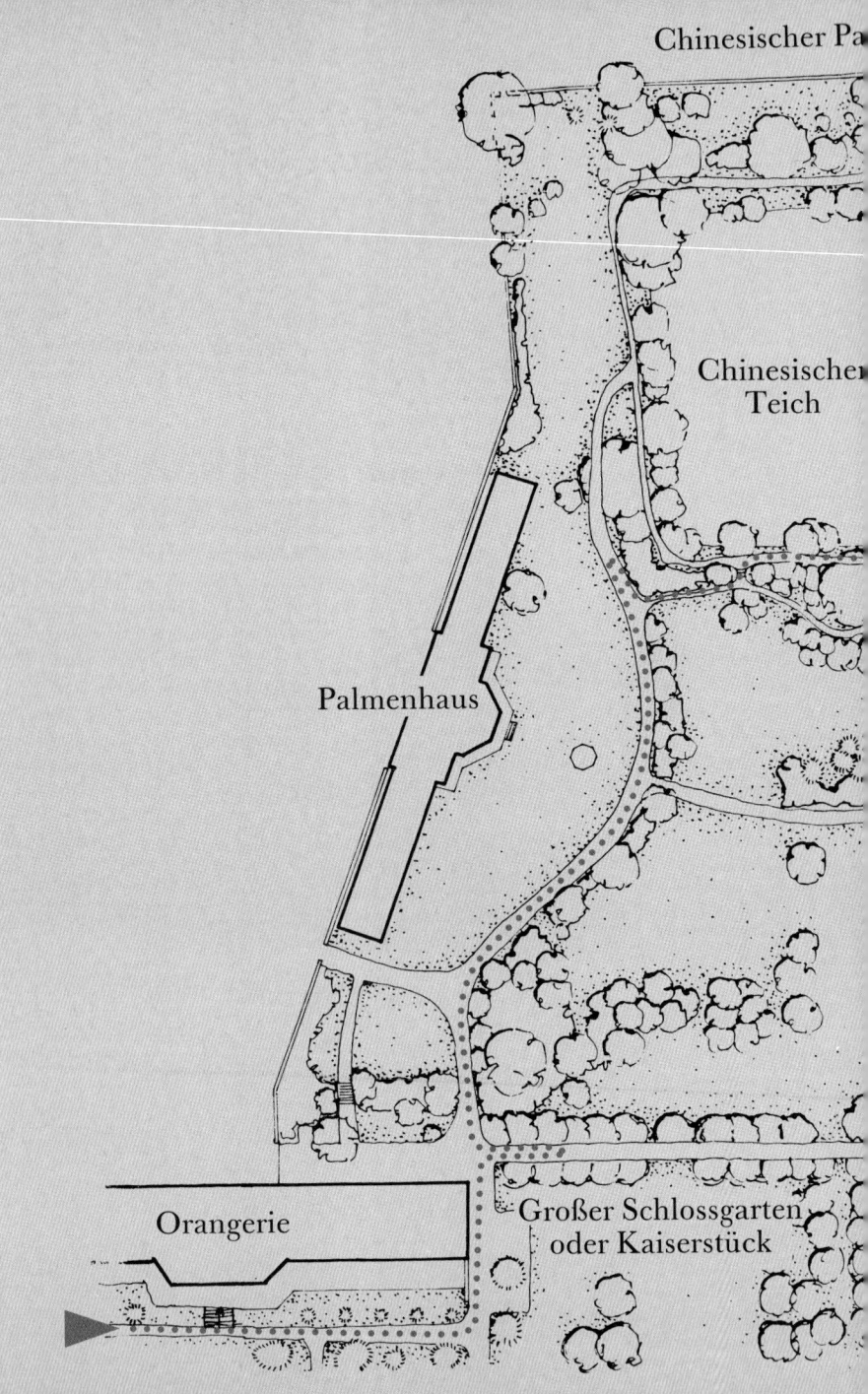

Chinesischer Pa

Chinesischer
Teich

Palmenhaus

Orangerie

Großer Schlossgarten
oder Kaiserstück

4

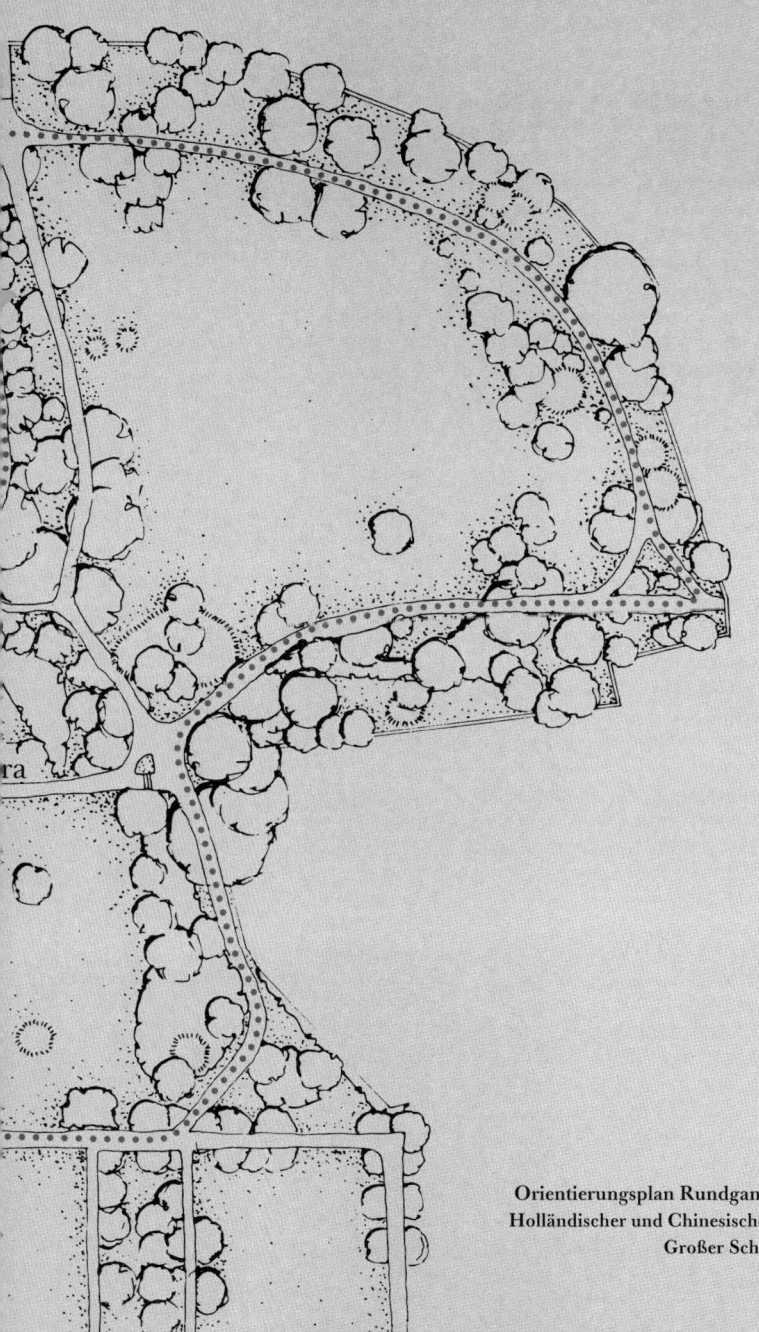

ra

Orientierungsplan Rundgang, 4. Teil:
Holländischer und Chinesischer Garten,
Großer Schlossgarten

4

1 Baum-Hasel
Corylus colurna L. *(Betulaceae)*
Verbreitung: Südosteuropa, Kleinasien
Höhe: 10,25 m
Stammdurchmesser: 0,18 m

2 Gemeiner Flieder
Syringa vulgaris L. *(Oleaceae)*
Verbreitung: Südosteuropa, Südwestasien
Höhe: 4,00 m
Befindet sich östlich vom Weg als Teil der
dichten Strauchhecke

3 Gemeiner Goldregen
Laburnum anagyroides Medik. *(Fabaceae)*
Verbreitung: Europa, Osteuropa, Balkan
Höhe: 6,50 m
Stammdurchmesser: 0,02–0,13 m
Wuchs: mehrstämmig; Blüte: goldgelb, in
langen Trauben; Blütezeit: Mai/Juni;
Früchte: giftig!
Der benachbarte *Laburnum anagyroides* ist
8,00 m hoch.

4 Spitz-Ahorn
Acer platanoides L. *(Aceraceae)*
Verbreitung: Europa, Kleinasien
Höhe: 21,00 m
Stammdurchmesser: 0,67 m

5 Japanischer Schnurbaum
Sophora japonica L. *(Fabaceae)*
Verbreitung: China, Korea
Höhe: 20,00 m
Stammdurchmesser: 1,04 m
Blätter: gefiedert; Blüten: gelblich weiße
Rispen; Blütezeit: August; Früchte: Hül-
senfrüchte, die zwischen den Samen einge-
schnürt sind; Baum hat durch Pilzbefall
Schaden genommen; Art ist in Dresden ein
oft verwendeter Parkbaum, Verwendung
auch als Alleebaum

6 Hainbuche
Carpinus betulus L. *(Betulaceae)*
Verbreitung: Mitteleuropa, Kleinasien
Höhe: 16,50 m
Stammdurchmesser: 0,35 m

7 Winter-Linde
Tilia cordata Mill. *(Tiliaceae)*
Verbreitung: Europa
Höhe: 25,00 m
Stammdurchmesser: 0,66 m

8 Sal-Weide
Salix caprea L. *(Salicaceae)*
Verbreitung: Europa, Kleinasien, China,
Korea, Japan
Höhe: 6,50 m
Stammdurchmesser: 1) 0,19 m 2) 0,17 m
3) 0,15 m
Wuchs: 3-stämmig; Blütezeit: März/April

9 Zweigriffliger Weißdorn
Crataegus laevigata (Poir.) DC. (syn. *Crat.
oxyacantha*) *(Rosaceae)*
Verbreitung: Europa
Höhe: 12,50 m
Stammdurchmesser: 1) 0,31 m 2) 0,32 m
Wuchs: 2-stämmig

10 Gewöhnliche Traubenkirsche
Prunus padus L. *(Rosaceae)*
Verbreitung: Europa, Nordasien, Kaukasus
Höhe: 8,00 m
Kronendurchmesser: 5,50 m
Wuchs: mehrstämmig, Wurzelstockaus-
trieb

11 Kornelkirsche
Cornus mas L. *(Cornaceae)*
Verbreitung: Mittel- und Südeuropa,
Kleinasien
Höhe: 8,50 m

Stammdurchmesser: 1) 0,14 m 2) 0,19 m
Wuchs: 2-stämmig; Blüten: gelb; Blütezeit:
Februar/April; Früchte: 2 cm lang, glän-
zend rot, essbar

12 Weißdorn
Crataegus spec. (Rosaceae)
Verbreitung: Nordamerika
Höhe: 11,25 m
Stammdurchmesser: 0,47 m
Dornen: bis 3 cm lang; Blätter: verkehrt
eiförmig, lang keilförmig; Art unbekannt

Blütenzweig des Gemeinen Erbsenstrauches

13 Tatarischer Ahorn
Acer tataricum L. (Aceraceae)
Verbreitung: östliches Mitteleuropa, Süd-
osteuropa, Westasien
Höhe: 3,60 m
Stammdurchmesser: 0,06–0,08 m
Wuchs: 3-stämmig; Blätter: breit eiförmig,
meist ungelappt; Blüten: grünlich weiß, in
langgestielten Rispen

14 Gemeiner Erbsenstrauch ○
Caragana arborescens Lam. (Fabaceae)
Verbreitung: Sibirien, Mandschurei
Höhe: 3,40 m
Blätter: paarig gefiedert; Blüten: einzeln,
manchmal auch zu viert, hellgelb; Blüte-
zeit: Mai; Früchte: Hülsenfrüchte 3–4 cm
lang, giftig!

15 Gemeiner Flieder
Syringa vulgaris L. (Oleaceae)
Verbreitung: Südosteuropa, Südwestasien
Höhe: 3,50 m

16 Gemeine Pimpernuss
Staphylea pinnata L. (Staphyleaceae)
Verbreitung: Mittel- und Osteuropa,
Balkan
Höhe: 4,00 m

Blätter: unpaarig gefiedert; Blüten: in hängenden Rispen; Früchte: blasig, perga-
mentartig; Samen: kugelig bis eiförmig

17 Feuer-Ahorn
Acer tataricum L. ssp. ginnala (Maxim.)
Wesm. *(Aceraceae)*
Verbreitung: Japan, Korea, Mongolei
Höhe: 2,30 m
Stammdurchmesser: bis 0,04 m
Wuchs: mehrstämmig; Blätter: dreilappig,
4–8 cm lang, leuchtend orange bis feurig-
rote Herbstfärbung

18 Gemeiner Goldregen
Laburnum anagyroides Medik. (Fabaceae)
Verbreitung: Europa, Osteuropa, Balkan
Höhe: 6,50 m
Stammdurchmesser: 1) 0,10 m 2) 0,12 m
Wuchs: Zwiesel

19 Kornelkirsche
Cornus mas L. (Cornaceae)
Verbreitung: Mittel- und Südeuropa,
Kleinasien
Höhe: 7,00 m
Stammdurchmesser: 0,11–0,17 m
Wuchs: mehrstämmig

20 Blut-Lamberts-Hasel

Corylus maxima Mill. *'Purpurea'* Schelle
(Betulaceae)
Höhe: 4,00 m
Besonderheit: stark geschädigter Strauch

21 Stern-Magnolie ⊃ S.62

Magnolia stellata (Sieb. et Zucc.) Maxim.
(Magnoliaceae)
Verbreitung: Japan
Höhe: 3,50 m
Besonderheit: ein langsam wachsender
Strauch; Knospen: dicht behaart; Blüten:
Blütenblätter schmal länglich, sternförmig,
weiß und duftend; Blütezeit: März/April

22 Pontische Azalee

Rhododendron luteum Sweet (syn. *Rhod.*
flavum, Acalea pontica) *(Ericaceae)*
Verbreitung: Osteuropa, Kaukasus, Russland, Türkei
Höhe: 1,06–3,04 m
Blätter: sommergrün; Blüten: stark duftend, gelb; Blütezeit: Mai/Juni; wurde oft
zu Kreuzungen verwendet; zwei Exemplare
nebeneinander

23 Klon des Pontischen Rhododendrons

Rhododendron ponticum Klon (Ericaceae)
Höhe: 3,50 m
Besonderheit: möglicherweise handelt es
sich bei dieser Pflanze um einen Unterla-
genaustrieb, so dass die Sorte vielleicht verloren ging; Blüten: lila mit heller Mitte;
Blütezeit: Juni

24 Besen-Felsenbirne

Amelanchier spicata (Lam.) K. Koch
(Rosaceae)
Verbreitung: nordöstliches Nordamerika
Höhe: 5,80 m

Stammdurchmesser: 0,02–0,08 m
Wuchs: mehrstämmig, kurze Ausläufer bildend, dadurch schöne Gruppe; Triebe:
steif, in die Höhe gerichtet, braun; Blätter:
eiförmig bis eirund, anfangs unterseits
weißfilzig, bald verkahlend, im Herbst
gelbrot; Blüten: aufrechte, 3-6 cm lange
Trauben, weiß mit rosa Anflug; Blütezeit:
April; Früchte: purpurn bis schwarz, essbar

25 Scharlach-Weißdorn

Crataegus pedicellata Sarg. (syn. *Crataegus*
coccinea) *(Rosaceae)*
Verbreitung: nordöstliches Nordamerika
Höhe: 12,00 m
Stammdurchmesser: 0,15–0,16 m
Wuchs: 4-stämmig; Blätter: breit eiförmig;
Früchte: scharlachrot

26 Schwarz-Erle

Alnus glutinosa (L.) Gaertn. *(Betulaceae)*
Verbreitung: Europa, Westsibirien, Asien,
nordwestliches Afrika
Höhe: 23,50 m
Stammdurchmesser: 1) 0,37 m 2) 0,48 m
Wuchs: Zwiesel; Blätter: stumpf abgerun-
det; Früchte: verholzt, zapfenartig; Erlen
sind fähig, mit ihren Wurzelknöllchen den
Luftstickstoff zu binden; Gruppe von drei
Exemplaren

27 Alpen-Johannisbeere

Ribes alpinum L. *(Grossulariaceae)*
Verbreitung: Europa, Kaukasus
Höhe: 1,08 m
Besonderheit: dauerhaftes Schattengehölz;
Blätter: drei- bis fünflappig, bis 5 cm lang,
früher Blattaustrieb; Blüten: im April/
Mai in aufrechten Trauben, gelblich grün;
Früchte: Beeren dunkelrot, kaum essbar

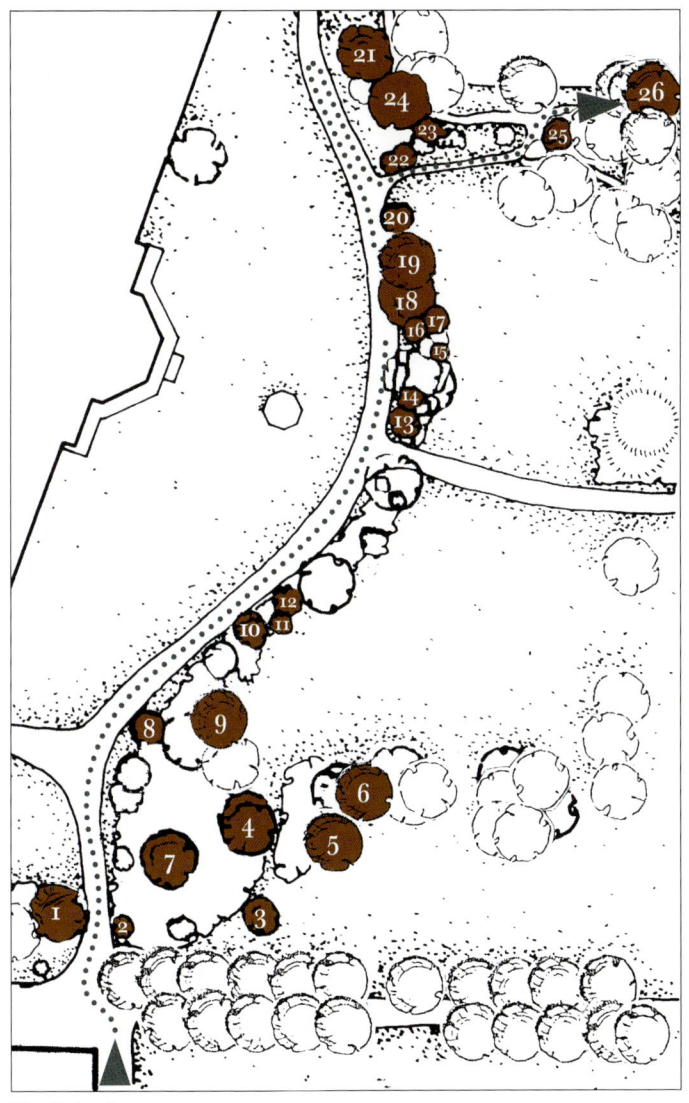

Detailplan I

28 Winter-Linde
Tilia cordata Mill. *(Tiliaceae)*
Verbreitung: Europa
Höhe: 25,00 m
Stammdurchmesser: 1,08 m

29 Winter-Linde
Tilia cordata Mill. *(Tiliaceae)*
Verbreitung: Europa
Höhe: 24,50 m
Stammdurchmesser: 0,88 m

30 Blut-Buche
Fagus sylvatica L. *'Cuprea' (Fagaceae)*
Höhe: 26,00 m
Stammdurchmesser: 1,25 m
Besonderheit: großes Exemplar

31 Gewöhnlicher Trompetenbaum
Catalpa bignonioides Walter *(Bignoniaceae)*
Verbreitung: südöstliche USA
Höhe: 9,50 m
Stammdurchmesser: 0,88 m
Wuchs: kurzer Stamm, breit ausladende Krone, markanter Baum; Blüten: weiße Rispen; Früchte: bis 40 cm lange, dünne Kapseln; Baum um 1793 gepflanzt; ältestes Exemplar seiner Art im ganzen Schlosspark

32 Blut-Buche
Fagus sylvatica L. *'Cuprea' (Fagaceae)*
Höhe: 33,00 m
Stammdurchmesser: 1,20 m

33 Schwarz-Erle
Alnus glutinosa (L.) Gaertn. *(Betulaceae)*
Verbreitung: Europa, Westsibirien, Asien, nordwestliches Afrika
Höhe: 20,00 m
Stammdurchmesser: 0,63 m

34 Spitz-Ahorn
Acer platanoides L. *(Aceraceae)*
Verbreitung: Europa, Kleinasien
Höhe: 23,00 m
Stammdurchmesser: 0,77 m

35 Gemeine Esche
Fraxinus excelsior L. *(Oleaceae)*
Verbreitung: Europa, Kleinasien, Kaukasus
Höhe: 17,50 m
Stammdurchmesser: 0,65 m

36 Elsbeere ○
Sorbus torminalis (L.) Crantz *(Rosaceae)*
Verbreitung: Süd-, West- und Mitteleuropa, Kaukasus, Nordwestafrika
Höhe: 21,00 m
Stammdurchmesser: 0,74 m
Blätter: breit eiförmig, ahornartig gelappt, tief eingeschnittene gesägte Lappen, Herbstfärbung orange bis rot; Blüten: breite, filzige Doldenrispen, weiß; Blütezeit: Mai/Juni; Früchte: 10-18 cm lang, bräunlich, punktiert, essbar

37 Gelbrote Pavie
Aesculus discolor Pursh (syn. *A. pavia* var. *discolor*) *(Hippocastanaceae)*
Verbreitung: östliche USA
Höhe: 10,50 m
Stammdurchmesser: 0,51 m
Besonderheit: nach Kronenausbruch ein Stamm abgesetzt; Blüten: in Rispen, Kelch und Kronenblätter gelb mit mehr oder weniger starkem rotem Anflug; Blütezeit: Mai

38 Stiel-Eiche
Quercus robur L. *(Fagaceae)*
Verbreitung: Europa, Kaukasus
Höhe: 20,00 m
Stammdurchmesser: 0,50 m

Die Elsbeere am Chinesischen Teich in
voller Blüte

lang, schmal eiförmig, zugespitzt, grob gesägt; Blüten: am vorjährigen Trieb in unge-
stielten Dolden stehend, weiß; Blütezeit:
April/Mai; Früchte: süß, schwarzrot; Holz
brauchbar für Furniere

42 Ahornblättrige Platane
Platanus x hispanica Münchh. *(Platanaceae)*
Höhe: 24,00 m
Stammdurchmesser: 1,25 m
Besonderheit: am Stamm mit Efeu bewach-
sen; sehr altes Exemplar

43 Spitz-Ahorn
Acer platanoides L. *(Aceraceae)*
Verbreitung: Europa, Kleinasien
Höhe: 24,00 m
Stammdurchmesser: 0,68 m

44 Hänge-Buche
Fagus sylvatica L. 'Pendula' *(Fagaceae)*
Höhe: 18,00 m
Stammdurchmesser: 0,95 m
Wuchs: Baum mit aufrechtem Stamm,
das benachbarte Exemplar mit schrägem
Stamm (es ist ein bewurzelter Ast, der sich
zum Baum entwickelt)

45 Ginkgo
Ginkgo biloba L. *(Ginkgoaceae)*
Verbreitung: Südostchina
Höhe: 23,00 m
Stammdurchmesser: 0,49 m
Steht direkt mit den Hänge-Buchen in
einer Gruppe

46 Persische Eiche
Quercus macranthera Fisch. et C. A. Mey. ex
Hohen. *(Fagaceae)*
Verbreitung: Südostkaukasus, Nordiran
Höhe: 20,00 m
Stammdurchmesser: 0,90 m

39 Amerikanischer Geweihbaum
Gymnocladus dioicus (L.) K. Koch
(Caesalpiniaceae)
Verbreitung: nordöstliches bis südöstliches
Nordamerika
Höhe: 19,00 m
Stammdurchmesser: 0,60 m
Wuchs: zum Teil abgesetzt, schmalkronig,
absterbend

40 Farnblättrige Rot-Buche
Fagus sylvatica L. 'Asplenifolia' *(Fagaceae)*
Höhe: 21,00 m
Stammdurchmesser: 1,24 m
Besonderheit: großkroniger Baum

41 Vogel-Kirsche
Prunus avium (L.) L. *(Rosaceae)*
Verbreitung: Mittel- und Südeuropa,
Kleinasien
Höhe: 8,75 m
Stammdurchmesser: 0,14 m
Wuchs: Krone regelmäßig breit eiförmig,
aufstrebend verästelt; Blätter: bis 15 cm

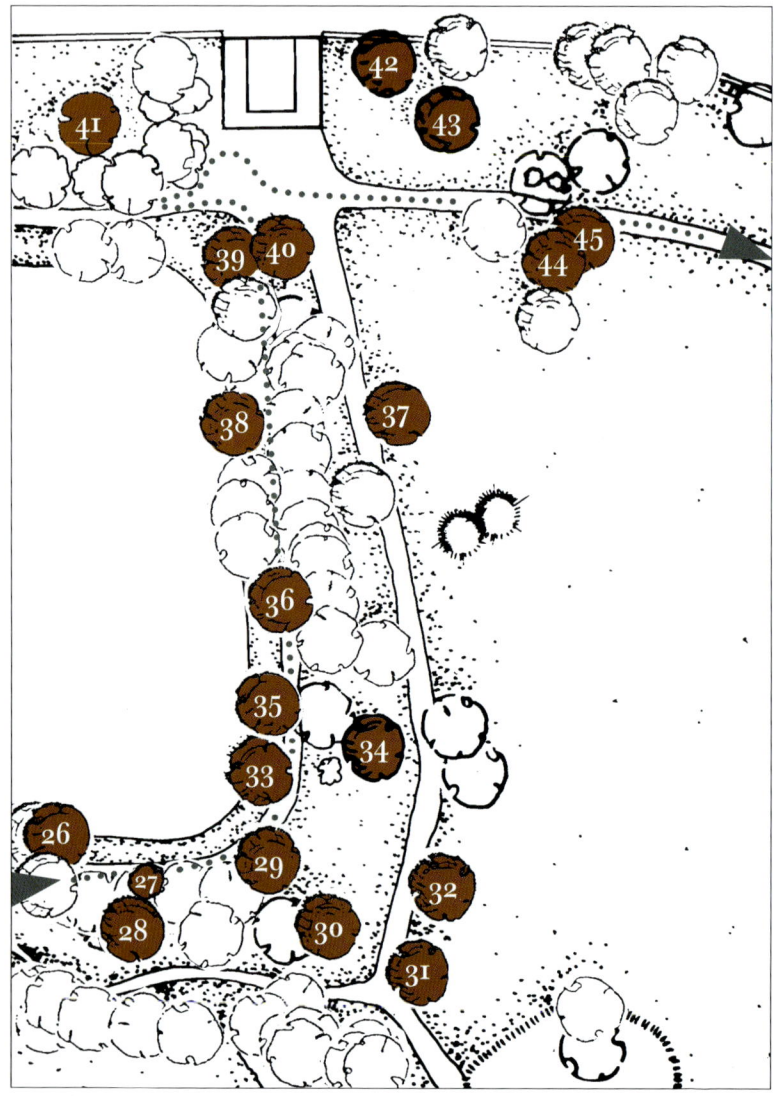

Detailplan II

47 Rot-Eiche
Quercus rubra L. *(Fagaceae)*
Verbreitung: Nordamerika
Höhe: 22,00 m
Stammdurchmesser: 0,71 m

48 Winter-Linde
Tilia cordata Mill. *(Tiliaceae)*
Verbreitung: Europa
Höhe: 24,50 m
Stammdurchmesser: 0,97 m
Wuchs: ab 2 m Höhe 2-stämmig, ab 3,5 m
Höhe dritter Stamm

49 Gemeine Esche
Fraxinus excelsior L. *(Oleaceae)*
Verbreitung: Europa, Kleinasien, Kaukasus
Höhe: 12,75 m
Stammdurchmesser: 0,36 m

50 Späte Traubenkirsche
Prunus serotina Ehrh. *(Rosaceae)*
Verbreitung: Nordamerika; in Europa stellenweise eingebürgert
Höhe: 9,00 m
Stammdurchmesser: 1) 0,15 m 2) 0,13 m
Wuchs: 2-stämmig; Blütezeit: Mai

51 Weymouths-Kiefer
Pinus strobus L. *(Pinaceae)*
Verbreitung: Nordamerika
Höhe: 20,00 m
Stammdurchmesser: 0,33 m

52 Gewöhnlicher Trompetenbaum
Catalpa bignonioides Walter *(Bignoniaceae)*
Verbreitung: südöstliche USA
Höhe: 9,50 m
Stammdurchmesser: 1) 0,18 m 2) 0,17 m
Wuchs: 2-stämmig

53 Geschlitztblättrige Rot-Buche
Fagus sylvatica L. 'Laciniata' *(Fagaceae)*
Höhe: 9,25 m
Stammdurchmesser: 0,20 m
Besonderheit: junges Exemplar

54 Ahornblättrige Platane
Platanus x hispanica Münchh. *(Platanaceae)*
Höhe: 34,00 m
Stammdurchmesser: 2,27 m
Kronendurchmesser: 30,00 m
Besonderheit: Stamm mit Efeu umwachsen; ein sehr großes Exemplar direkt an der Parkmauer

55 Berg-Ahorn
Acer pseudoplatanus L. *(Aceraceae)*
Verbreitung: Europa, Kaukasus, Türkei
Höhe: 21,00 m
Stammdurchmesser: 1) 0,32 m 2) 0,36 m
Wuchs: Zwiesel ab 0,40 m Höhe

56 Spitz-Ahorn
Acer platanoides L. *(Aceraceae)*
Verbreitung: Europa, Kleinasien
Höhe: 22,00 m
Stammdurchmesser: 0,60 m

57 Winter-Linde
Tilia cordata Mill. *(Tiliaceae)*
Verbreitung: Europa
Höhe: 28,50 m
Stammdurchmesser: 1) 0,51 m 2) 0,51 m
Wuchs: Zwiesel ab 0,80 m Höhe

58 Weymouths-Kiefer
Pinus strobus L. *(Pinaceae)*
Verbreitung: Nordamerika
Höhe: 29,00 m
Stammdurchmesser: 0,74 m

59 Winter-Linde
Tilia cordata Mill. *(Tiliaceae)*
Verbreitung: Europa
Höhe: 22,00 m
Stammdurchmesser: 0,55 m

60 Hainbuche
Carpinus betulus L. *(Betulaceae)*
Verbreitung: Mitteleuropa, Kleinasien
Höhe: 23,00 m
Stammdurchmesser: 0,52 m

61 Gemeine Esche
Fraxinus excelsior L. *(Oleaceae)*
Verbreitung: Europa, Kleinasien, Kaukasus
Höhe: 23,00 m
Stammdurchmesser: 0,56 m

62 Europäische Lärche
Larix decidua Mill. *(Pinaceae)*
Verbreitung: Mitteleuropa
Höhe: 28,00 m
Stammdurchmesser: 0,74 m

63 Gemeine Eberesche
Sorbus aucuparia L. *(Rosaceae)*
Verbreitung: Europa, Kaukasus, Sibirien
Höhe: 11,00 m
Stammdurchmesser: 0,19 m

64 Rot-Buche
Fagus sylvatica L. *(Fagaceae)*
Verbreitung: Europa
Höhe: 29,00 m
Stammdurchmesser: 0,96 m

65 Winter-Linde
Tilia cordata Mill. *(Tiliaceae)*
Verbreitung: Europa
Höhe: 25,50 m
Stammdurchmesser: 0,77 m

66 Gemeine Esche
Fraxinus excelsior L. *(Oleaceae)*
Verbreitung: Europa, Kleinasien, Kaukasus
Höhe: 15,00 m
Stammdurchmesser: 0,39 m

67 Gemeine Hasel
Corylus avellana L. *(Betulaceae)*
Verbreitung: Europa, Kleinasien, Kaukasus
Höhe: 7,00 m
Stammdurchmesser: 0,04-0,24 m
Wuchs: mehrstämmig

68 Rot-Esche
Fraxinus pennsylvanica Marsh. *(Oleaceae)*
Verbreitung: nord- bis südöstliches Nordamerika
Höhe: 21,00 m
Stammdurchmesser: 0,37 m
Blätter: 20-30 cm lang, sieben Blättchen, kurz gestielt

69 Kuchenbaum
Cercidiphyllum japonicum Sieb. et Zucc. *(Cercidiphyllaceae)*
Verbreitung: Japan, China
Höhe: 10,75 m
Stammdurchmesser: 0,16 m
Wuchs: Krone breit kegelförmig; Blätter: bis 6 cm lang, am Grund herzförmig, Nerven gerötet, im Herbst goldgelb; Knospen: rot, spitz, abstehend; zerriebenes Herbstlaub duftet nach frischem Kuchen

70 Sommer-Linde
Tilia platyphyllos Scop. *(Tiliaceae)*
Verbreitung: Europa, Kaukasus, Britische Inseln
Höhe: 20,00 m
Stammdurchmesser: 0,94 m

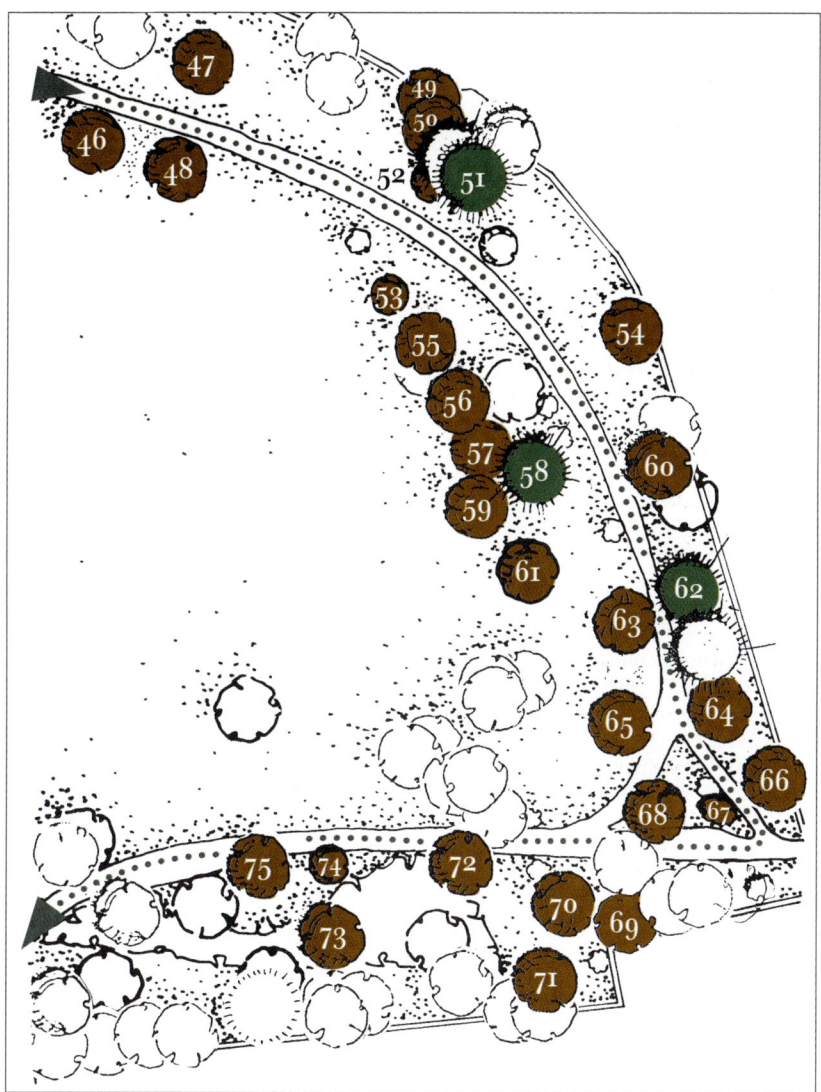

Detailplan III

4. Teil: Holländischer und Chinesischer Garten, Großer Schlossgarten

4

71 Gemeine Esche
Fraxinus excelsior L. *(Oleaceae)*
Verbreitung: Europa, Kleinasien, Kaukasus
Höhe: 30,00 m
Stammdurchmesser: 1,02 m

72 Winter-Linde
Tilia cordata Mill. *(Tiliaceae)*
Verbreitung: Europa
Höhe: 27,00 m
Stammdurchmesser: 1,12 m

73 Stiel-Eiche
Quercus robur L. *(Fagaceae)*
Verbreitung: Europa, Kaukasus
Höhe: 28,00 m
Stammdurchmesser: 0,97 m

74 Tulpenbaum
Liriodendron tulipifera L. *(Magnoliaceae)*
Verbreitung: östliche bis südöstliche USA
Höhe: 4,00 m (Reststamm)
Stammdurchmesser: 1,28 m
Besonderheiten: Austrieb am Stammfuß
Spätsommer 1999 und im Frühjahr 2000
Der Baum war bis März 1999 das prächtigste Exemplar dieser Art im Schlossgarten.
Trotz umfangreicher Bemühungen war die Erhaltung des Altbaumes aus Verkehrssicherheitsgründen jedoch nicht möglich.

75 Blut-Buche
Fagus sylvatica L. *'Cuprea' (Fagaceae)*
Höhe: 37,00 m
Stammdurchmesser: 1,15 m
Blätter: Blattfärbung verblasst im Herbst

76 Gemeine Eibe
Taxus baccata L. *(Taxaceae)*
Verbreitung: Europa, Kaukasus, Kleinasien
Höhe: bis 4,00 m
Wuchs: hier stark flächig ausgebreitet

77 Blut-Buche
Fagus sylvatica L. *'Cuprea' (Fagaceae)*
Höhe: 34,00 m
Stammdurchmesser: 0,80 m

78 Ahornblättrige Platane
Platanus x hispanica Münchh. *(Platanaceae)*
Höhe: 33,00 m
Stammdurchmesser: 1,25 m
Wuchs: gerader Stamm, zum Teil Starkäste
abgesetzt; nahebei zwei weitere Exemplare
Besonderheit: sehr rauchgasresistent. Die
drei älteren Bäume haben ihre Kronen direkt neben einem Schornstein entwickelt;
die Abgase der bis 1998 durchgeführten
Braunkohlenfeuerung haben jedoch keine
Schäden hinterlassen.

79 Gemeine Esche
Fraxinus excelsior L. *(Oleaceae)*
Verbreitung: Europa, Kleinasien, Kaukasus
Höhe: 25,00 m
Stammdurchmesser: 0,61 m

80 Winter-Linde
Tilia cordata Mill. *(Tiliaceae)*
Verbreitung: Europa
Höhe: 27,00 m
Stammdurchmesser: 0,93 m

81 Berg-Ahorn
Acer pseudoplatanus L. *(Aceraceae)*
Verbreitung: Europa, Kaukasus, Türkei
Höhe: 23,50 m
Stammdurchmesser: 0,57 m

82 Gemeine Esche
Fraxinus excelsior L. *(Oleaceae)*
Verbreitung: Europa, Kleinasien, Kaukasus
Höhe: 18,50 m
Stammdurchmesser: 1) 0,31 m 2) 0,38 m
Wuchs: 2-stämmig

Detailplan IV

4. Teil: Holländischer und Chinesischer Garten, Großer Schlossgarten

83 Winter-Linde
Tilia cordata Mill. *(Tiliaceae)*
Verbreitung: Europa
Höhe: 24,00 m
Stammdurchmesser: 1,01 m

84 Gemeine Eberesche
Sorbus aucuparia L. *(Rosaceae)*
Verbreitung: Europa, Kaukasus, Westsibirien
Höhe: 12,00 m
Stammdurchmesser: 0,39 m

85 Alpen-Goldregen
Laburnum alpinum (Mill.) Bercht. et J. Presl
(Fabaceae)
Verbreitung: südliches Mitteleuropa
Höhe: 9,00 m
Stammdurchmesser: 0,21–0,22 m
Wuchs: 3-stämmig; Blüten: gelb, in langen
Trauben; Blütezeit: Mai / Juni

86 Europäische Lärche
Larix decidua Mill. *(Pinaceae)*
Verbreitung: Mitteleuropa
Höhe: 20,50 m
Stammdurchmesser: 0,31 m

87 Winter-Linde
Tilia cordata Mill. *(Tiliaceae)*
Verbreitung: Europa
Höhe: 19,50 m
Stammdurchmesser: 0,44 m

88 Rhododendron-Sorte
Rhododendron 'Catawbiense Grandiflora'
(Ericaceae)
Höhe: 4,50 m
Wuchs: beide großen Büsche ca. 10 m breit,
sehr frosthart; Blüten: purpurlila; Blütezeit:
Mai; meist gepflanzte Sorte in Deutsch-

Altbaumbestand Rosskastanien (Beschreibung S. 20) im Großen Schlossgarten

land; Anthony Waterer (vermutlich Anfang 19. Jahrhundert)

89 Sumpfzypressen-Gruppe
Taxodium distichum (L.) Rich. *(Taxodiaceae)*
Verbreitung: südöstliches Nordamerika;
nach Europa 1640 eingeführt
Höhe: 1) 28,00 m 2) 28,00 m
Stammdurchmesser: 1) 1,34 m 2) 1,15 m
Besonderheit: Der rechte Baum ist nicht
mehr standfest und hat sich seit 1997 seitlich geneigt. Um ihn noch einige Zeit zu erhalten, wird er seit 1998 durch Stahlseile
gehalten. Pflanzung beider Bäume 1790.

90 Pyramiden-Eichen-Gruppe
Quercus robur L. 'Fastigiata' *(Fagaceae)*
Höhe: 1) 25,50 m 2) 20,50 m
Stammdurchmesser: 1) 1,38 m 2) 0,66 m
Wuchs: alle Triebe aufrecht; unterschiedliche Wuchsformen der beiden Exemplare
entstehen durch Samenvermehrung, keine
Veredlung

Dendrologischer Rundgang durch den Schlosspark

5. Teil: Heckengärten

Die Grundstruktur der Heckengärten, der sogenannten Charmillen, stammt aus der barocken Gestaltungsphase nach 1721. Einige der ursprünglich für das barocke Spiel geschaffenen und von Hecken umschlossenen Gartenräume sind inzwischen partiell mit dendrologischen Raritäten bepflanzt. Die Pflanzungen erfolgten im Wesentlichen in den 50er Jahren des 20. Jahrhunderts im Sinne damaliger gartenkünstlerischer Vorstellungen. Die Hainbuchenhecken *(Carpinus betulus)* wurden 1910/11 erneuert. Die Pflanzen hatten ursprünglich eine Höhe von 3,50 m, die heutige Heckenhöhe beträgt 2,80 m.

Vom Bergpalais kommend, führt der Weg nun durch eine Rhododendren-Pflanzung, an der Tritonengondel vorbei zum Staudenquartier. Von dort geht es weiter zum Nadelgehölzquartier und durch die Kastanienallee zurück in Richtung Lustgarten. Man streift den Lustgarten im Nordwesten, durchquert eine weitere Rhododendren-Pflanzung und stößt auf den parallel zur Elbe angelegten Promenadenweg.

Der Promenadenweg führt zum so genannten Teehäuschen des Königs. Unweit davon befindet sich der ehemalige königliche Familiengarten, der ebenfalls in den 50er Jahren umgestaltet wurde. Von diesem Familiengarten aus geht es an einer Sandsteinvase vorbei über den AHA-Graben zum Fährstück.

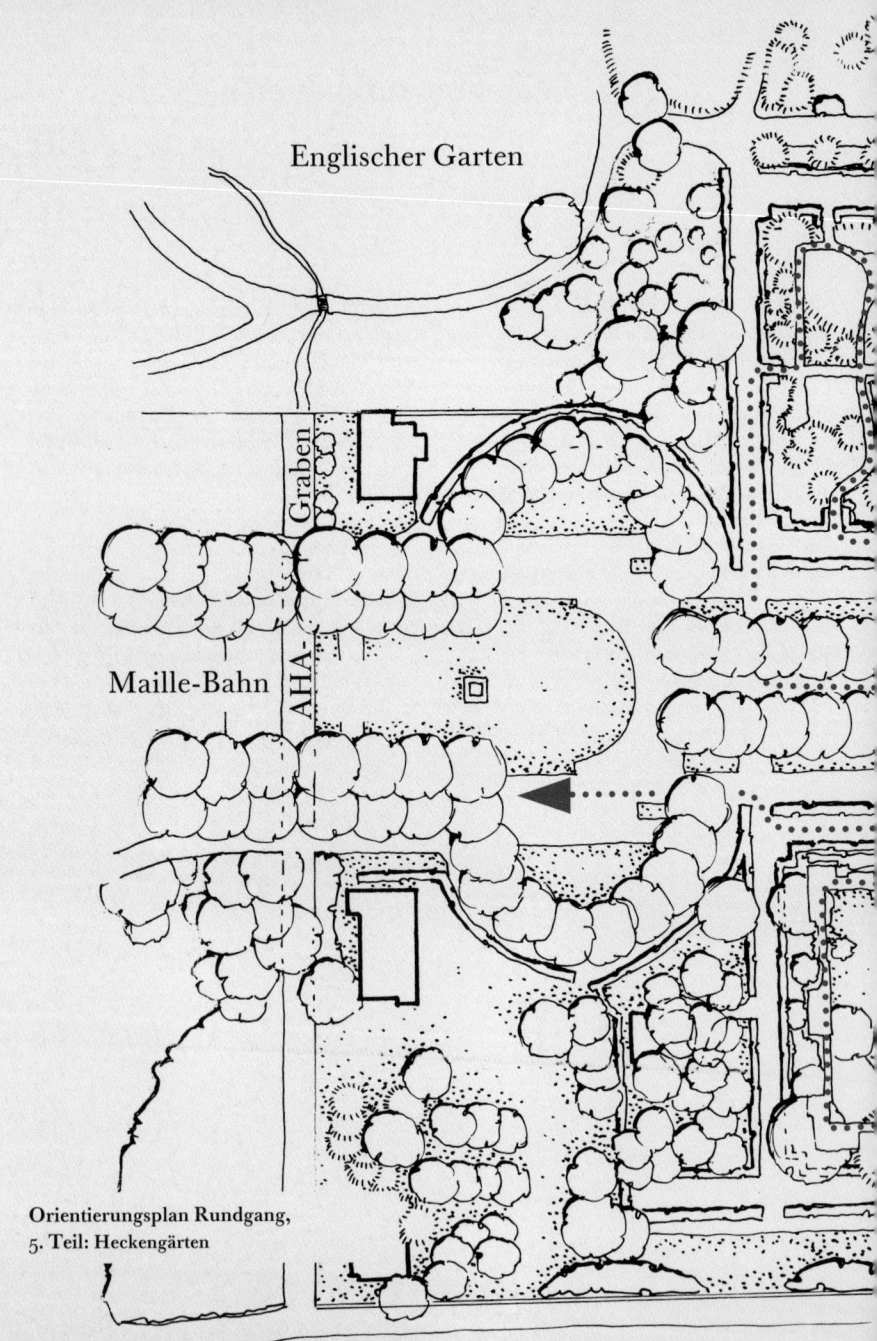

Englischer Garten

Graben

Maille-Bahn

AHA-

Orientierungsplan Rundgang,
5. Teil: Heckengärten

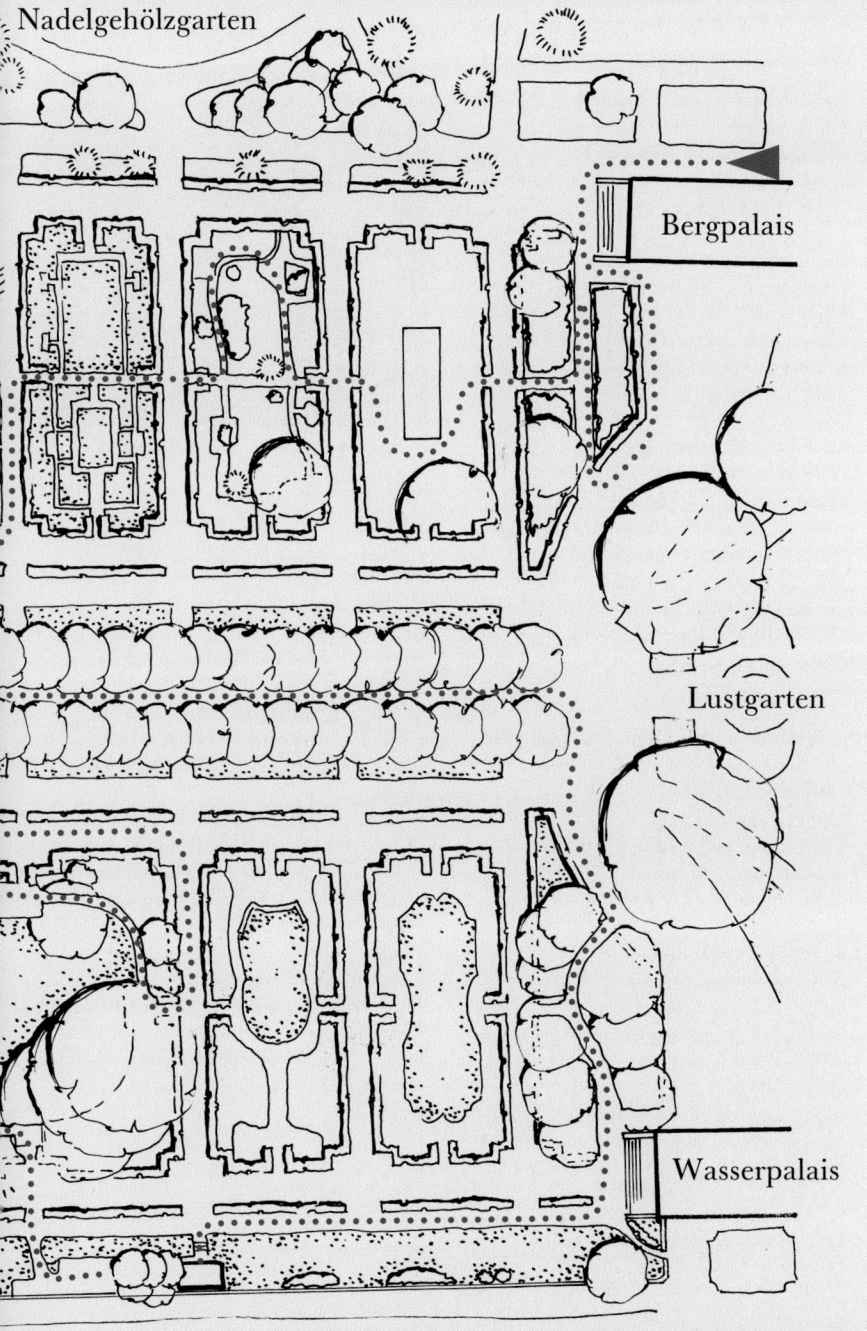

Nadelgehölzgarten

Bergpalais

Lustgarten

Wasserpalais

1a Rhododendron-Sorte

Rhododendron 'Alfred' (Ericaceae)
Höhe: 2,40 m
Blüten: lila, Saum gekraust; Blütezeit: Mai;
Rhod. 'Everestianum' x Rhod. 'Everestianum',
T. J. R. Seidel (1899)

1b Rhododendron-Sorte

Rhododendron 'Hassan' (Ericaceae)
Höhe: 2,00–3,60 m
Blüten: karminrot, brillante Einzelblüte;
Blütezeit: Mai/Juni; *Rhod. catawbiense-Hybride*, T. J. R. Seidel

1c Rhododendron-Sorte

Rhododendron 'Johann' (Ericaceae)
Höhe: 1,85 m
Blätter: gesundes, dichtes Laub; Blüten:
helllila, schnittverträglich; Blütezeit: Mai;
sehr frosthart; vom Dresdner Rhododendrenkenner und -züchter Bernhard Knorr
als Sämling aufgefunden und 1961 durch
Stecklingsvermehrung in Kultur genommen

2 Rhododendron-Rustica-Hybride

*Rhododendron-Rustica-Hybride 'Freya'
(Ericaceae)*
Höhe: 2,40 m
Blüten: orange bis ocker, gelb bis fast hellrosa, duftend; Blütezeit: Mai; *Ghenter Hybride x Rhod. molle*, Vuysteke (vor 1888)

3 Pontische Azalee

Rhododendron luteum Sweet (syn. *Rhod.
flavum* G. Don, *Azalea pontica* L.) *(Ericaceae)*
Verbreitung: Osteuropa, Kaukasus, Russland, Türkei
Höhe: 1,60 m
Blüten: goldgelb, stark duftend; Blütezeit:
Mai; wurde häufig zu Kreuzungszwecken
verwendet

Farbenpracht zur Rhododendren-Blüte

4 Sorte der Japanischen Azalee

Rhododendron 'Hinamayo' (Ericaceae)
Höhe: 1,80 m
Wuchs: stark wachsend, hoch werdend;
Blüten: karmin; Blütezeit: April/Mai; 1910
aus Japan nach Holland eingeführt

5 Ostsibirischer Rhododendron

Rhododendron dauricum L. *ssp. sichotense* (Pojark.) M. A. Alex. et P. Schmidt *(Ericaceae)*
Höhe: 2,20 m
Blüten: purpurlila, vor dem Blattaustrieb;
Blütezeit: Februar/April; luxurierende Unterart der sibirischen Alpenrose aus dem
Sichote-Ailin-Gebirge am Ochotskischen
Meer

6 Rhododendron-Sorte

Rhododendron 'Laetevirens' (Ericaceae)
Höhe: 1,25 m
Blüten: rosa; Blütezeit: Mai/Juni, sehr spät;
Rhod. minus ssp. carolinianum x *Rhod. ferrugineum*

Dendrologischer Rundgang durch den Schlosspark

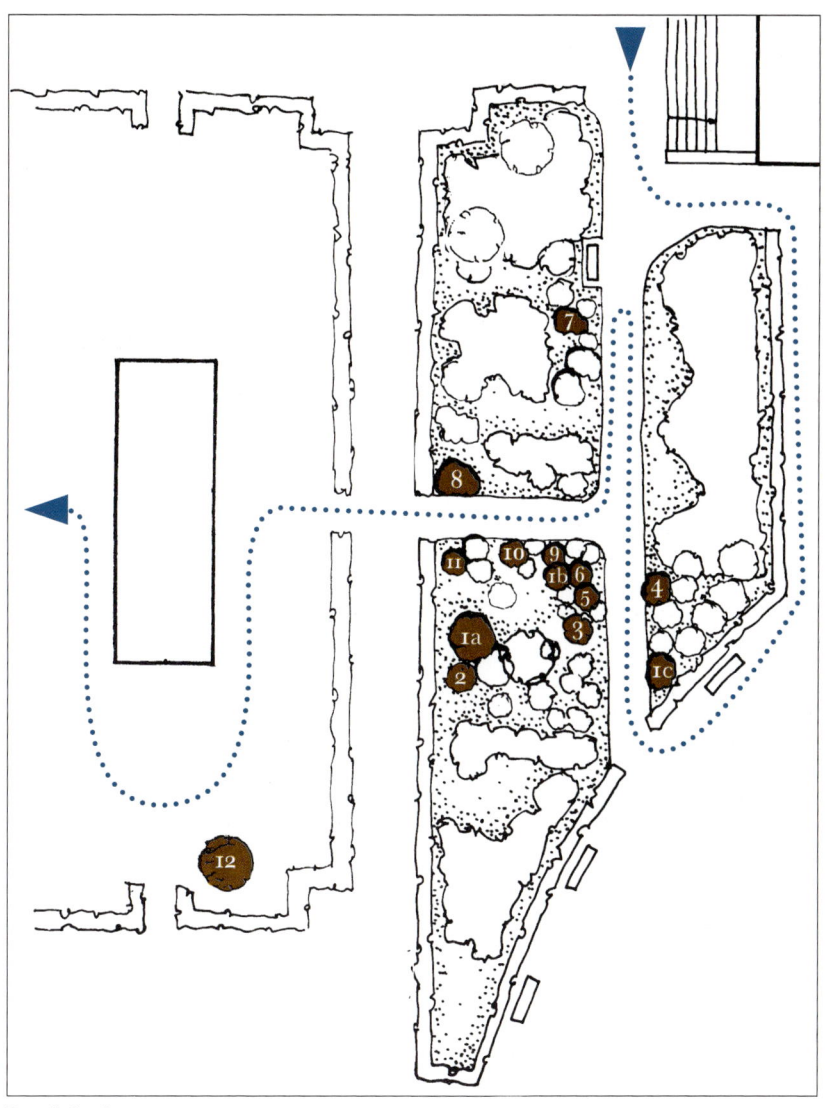

Detailplan I

7 Vorfrühlings-Rhododendron

Rhododendron 'Praecox' (Ericaceae)
Höhe: 1,70 m
Blüten: purpur bis lilarosa; Blütezeit: sehr
früh im März/April; *Rhod. ciliatum x Rhod.
dauricum*, I. Davies (ca. 1855)

8 Klon des Pontischen Rhododendrons

Rhododendron ponticum Klon (Ericaceae)
Höhe: 1,30 m
Wuchs: etwas locker, struppig; Blüten: rosa,
purpurn bis lila; Blütezeit: Mai/Juni

9 Carolina-Rhododendron

Rhododendron minus Michx. *ssp. carolinianum
(Ericaceae)*
Verbreitung: südöstliche USA
Höhe: 2,10 m
Blüten: rosa; Blütezeit: Mai/Juni

10 Rhododendron-Sorte

*Rhododendron 'Marquis de Chasseloup Loubat'
(Ericaceae)*
Höhe: 1,70 m
Breite: 2,50 m
Blätter: schwarzgrünes, glänzendes, gesun-
des Laub; Blüten: weiß mit rosa Saum und
gelbem Fleck; Blütezeit: Juni; kaum be-
kannte, super Sorte

11 Makinos-Rhododendron

Rhododendron makinoi Tagg *(Ericaceae)*
Verbreitung: Japan
Höhe: 1,00 m
Blätter: schmal, mit braunem Indumentum
auf der Unterseite; Blüten: rosa; Blütezeit:
Juni; benannt nach dem japanischen Bota-
niker Tomitarô Makino (1862–1957)

12 Stiel-Eiche

Quercus robur L. *(Fagaceae)*
Verbreitung: Europa, Kaukasus
Höhe: 24,50 m
Stammdurchmesser: 1,75 m
Besonderheit: älteste Stiel-Eiche im Park;
Blitzschaden

13 Kurilen-Kirsche

Prunus nipponica Matsum. *var. kurilensis*
(Miyabe) E. H. Wilson *(Rosaceae)*
Verbreitung: Japan
Höhe: 2,40 m
Stammdurchmesser: 0,02 m
Blätter: doppelt grob gesägt; Blüten: weiß;
Neupflanzung

14 Stiel-Eiche

Quercus robur L. *(Fagaceae)*
Verbreitung: Europa, Kaukasus
Höhe: 20,50 m
Stammdurchmesser: 1) 0,61 m   2) 0,47 m
3) 0,58 m
Wuchs: 3-stämmig

15 Zuckerhut-Fichte

Picea glauca (Moench) Voss 'Conica'
(Pinaceae)
Höhe: 3,30 m
Wuchs: sehr langsames Wachstum, dicht,
kegelförmig; Nadeln: etwa 10 mm lang;
1904 in Kanada aufgefunden, seit 1906 in
Europa als Sorte in Kultur

16 Sorte des Schuppen-Wacholders

Juniperus squamata Buch.-Ham. ex D. Don
'Meyeri' *(Cupressaceae)*
Höhe: 1,20 m
Blätter: dicht stehende Nadelblätter, bläu-
lich grün mit auffallend weißlicher Tönung

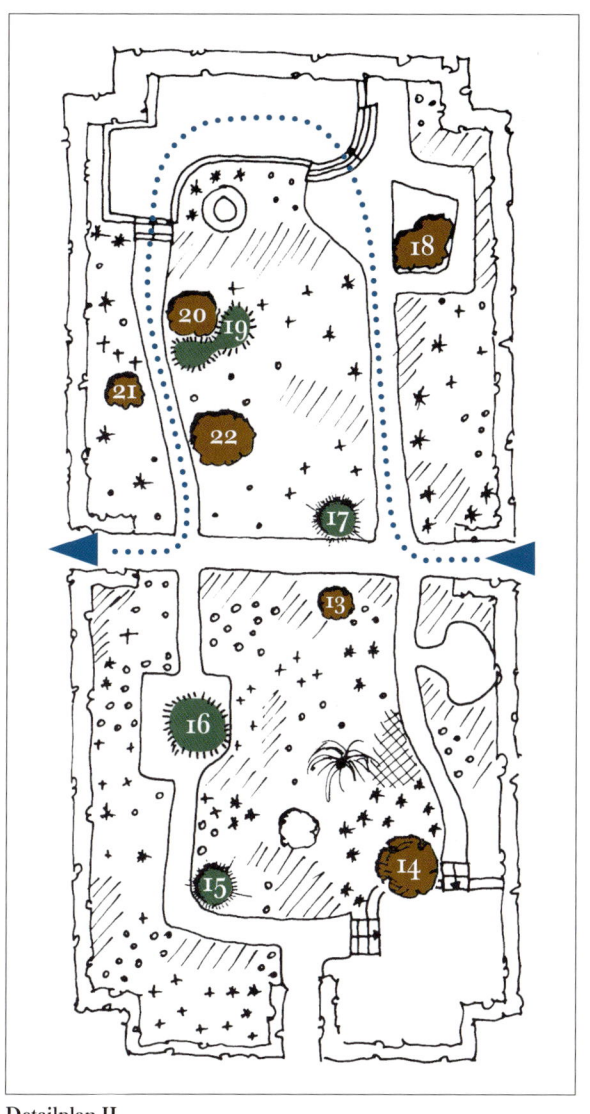

Detailplan II

17 Zuckerhut-Fichte
Picea glauca (Moench) Voss *'Conica'*
(Pinaceae)
Höhe: 3,20 m
Wuchs: sehr langsam, ganz dicht, kegelförmig; Nadeln: etwa 10 mm lang

18 Mittelmeer-Feuerdorn
Pyracantha coccinea M. Roem. *(Rosaceae)*
Verbreitung: Südeuropa, Kaukasus
Höhe: 1,10 m
Blätter: elliptisch, Blattrand gesägt; Früchte: rot, reich fruchtend

19 Sorte des Chinesischen Wacholders
Juniperus chinensis L. *'Plumosa Aurea'*
(Cupressaceae)
Höhe: 1,10-1,40 m
Wuchs: Zwergstrauch; breitbuschig aufrecht mit trichterförmig ansteigenden Zweigen, Zweigspitzen überhängend; Blätter: zwei verschiedene Blattformen, schuppenförmige und nadelförmige Blätter, goldgelb, später gelbgrün; Früchte: »Beerenzapfen« blaugrünlich bereift

20 Sorte der Japanischen Azalee
Rhododendron Cultivar (Ericaceae)
Höhe: 0,80 m
Besonderheit: Sorte unbekannt; Wuchs: 1,50 m breit; Blüten: hellrosa, großblütig; Blütezeit: spät

21 Gemeiner Seidelbast
Daphne mezereum L. *(Thymelaeaceae)*
Verbreitung: Europa, Kleinasien
Höhe: 1,10 m
Blüten: purpurrosa, stark duftend; giftig!

22 Virginische Zaubernuss
Hamamelis virginiana L. *(Hamamelidaceae)*
Verbreitung: östliches Nordamerika
Höhe: 3,80 m
Stammdurchmesser: bis 0,04 m
Wuchs: mehrstämmig; Blätter: grob gekerbt, eiförmig elliptisch; Blüten: hellgelb, duftend; Blütezeit: Oktober/November

23 Pontische Lorbeerkirsche
Prunus laurocerasus L. *'Schipkaensis' (Rosaceae)*
Höhe: 2,70 m
Wuchs: schräg aufwärts wachsend; Blüten: weiße Trauben; Blütezeit: Mai, oft Nachblüte im September

24 Sorte des Riesen-Lebensbaums
Thuja plicata Donn ex D. Don *'Aurea'*
(Cupressaceae)
Höhe: 1,00 m
Stammdurchmesser: 0,32 m
Besonderheit: gelbe Zweige

25 Pfitzers Wacholder
Juniperus x media Melle *'Pfitzeriana'* (Späth)
P. Schmidt *(Cupressaceae)*
Höhe: 2,80 m
Besonderheit: stark verzweigtes Gehölz

26 Sorte der Erbsenfrüchtigen Scheinzypresse
Chamaecyparis pisifera (Sieb. et Zucc.) Endl.
'Squarrosa' (Cupressaceae)
Höhe: 9,50 m
Stammdurchmesser: 0,30 m
Blätter: nadelförmig, dicht stehend, weich, oben blaugrün, unten silberweiß

27 Pfitzers Wacholder
Juniperus x media Melle *'Pfitzeriana'* (Späth)
P. Schmidt *(Cupressaceae)*
Höhe: 2,80 m

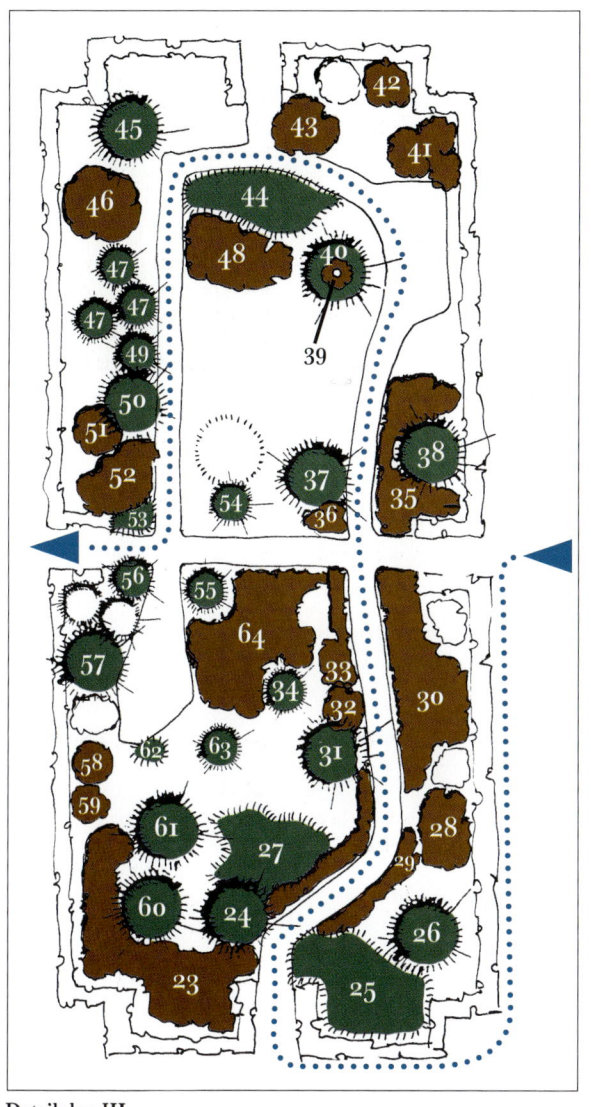

Detailplan III

28 Sorte der Japanischen Azalee

Rhododendron-Kiusianum-Hybride 'Feodora'
(Ericaceae)
Höhe: 1,70 m
Blüten: dunkelrosa, großblütig; Blütezeit:
früh bis mittelspät; *Rhod. kaempferi x Rhod.*
'Malvaticum', C. B. van Nes (1922)

29 Immergrün

Vinca minor L. *(Apocynaceae)*
Verbreitung: Europa, Kleinasien
Wuchs: immergrüner Bodendecker; Blät-
ter: ledrig glänzend; Blüten: blauviolett

30 Heidekraut

Calluna vulgaris-Sorten (Ericaceae)
Besonderheit: Neupflanzung 1997

31 Sorte der Sicheltanne

Cryptomeria japonica (L. f.) D. Don *'Cristata'*
(Taxodiaceae)
Höhe: 14,00 m
Stammdurchmesser: 0,25 m
Besonderheit: Sorte mit hahnenkamm-
artigen Sprossverbänderungen

32 Kletter-Spindelstrauch

Euonymus fortunei (Turcz.) Hand.-Mazz.
(Celastraceae)
Verbreitung: China
Wuchs: immergrüner Strauch, kriechend
oder mit Adventivwurzeln kletternd

33 Niederliegende Rebhuhnbeere

Gaultheria procumbens L. *(Ericaceae)*
Verbreitung: östliches Nordamerika
Wuchs: bildet dichte Teppiche, hier als Bodendecker; Früchte: auffallend glänzend-
rote Scheinbeeren

Die Spießtanne im Nadelgehölzquartier

34 Spießtanne ○

Cunninghamia lanceolata (Lamb.) Hook.
(Taxodiaceae)
Verbreitung: China, Taiwan
Höhe: 3,20 m
Stammdurchmesser: 0,05 m
Blätter: schmal lanzettlich, 3–7 cm lang,
4–5 mm breit, immergrün; schönes und
seltenes Exemplar

35 Japanischer Ysander

Pachysandra terminalis Sieb. et Zucc.
(Buxaceae)
Verbreitung: Japan, China
Wuchs: Bodendecker; bildet viele Rhizo-
me; Blätter: etwas ledrig, glänzend, immergrün; Blüten: an langen endständigen Äh-
ren, weiß

36 Sorte der Japanischen Skimmie

Skimmia japonica Thunb. *'Veitchii'*
(Rutaceae)
Höhe: 0,50 m

Wuchs: kleiner Strauch; 40–70 cm hoch werdend; Blätter: immergrün, lanzettlich, 3–10 cm lang; Blüten: in Rispen, stark duftend; Blütezeit: Mai

37 Gemeine Eibe
Taxus baccata L. *(Taxaceae)*
Verbreitung: Europa, Kaukasus, Kleinasien
Höhe: 1) 3,10 m 2) 2,50 m
Stammdurchmesser: 1) 0,04 m 2) 0,02 m
Besonderheit: zwei Exemplare

38 Sorte der Lawsons Scheinzypresse
Chamaecyparis lawsoniana (A. Murray) Parl. *'Fletscheri' (Cupressaceae)*
Höhe: 10,75 m
Stammdurchmesser: 0,18 m
Besonderheit: Stämme mit Efeu bewachsen; Wuchs: säulenförmig, mehrere Nebenstämme (Höhe 6,00–7,00 m, Stammdurchmesser 0,04–0,12 m); Äste und Zweige aufstrebend, sehr dicht stehend; Triebspitzen dunkel, rötlichblau; Zweige: gleichmäßig blaugrün, im Herbst mit purpurnem Anflug

39 Gemeiner Efeu
Hedera helix L. *(Araliaceae)*
Verbreitung: Europa
Wuchs: klettert mit Haftwurzeln max. bis zu 30 m, hier als Stammkletterer, Kriech- und Klettersprosse

40 Japanische Lärche
Larix kaempferi (Lamb.) Carr. *(Pinaceae)*
Verbreitung: Japan
Höhe: 24,00 m
Stammdurchmesser: 0,75 m
Besonderheiten: Stamm im unteren Bereich mit Efeu *(Hedera helix)* bewachsen, außerdem bedeckt Efeu den Boden vor dem Stamm, bestimmender Baum im Quartier;

Zapfen: mit typischen, an der Spitze nach rückwärts umgebogenen Samenschuppen; erst 1861 durch J. G. Veitch nach Europa eingeführt

41 Gewöhnlicher Buchsbaum
Buxus sempervirens L. *(Buxaceae)*
Verbreitung: Eurasien
Höhe: 2,00–3,20 m
Besonderheiten: drei Exemplare dicht beieinander; immergrüne Bauerngartenpflanze; ältester Zierstrauch in Deutschland, der sich in beliebige Formen schneiden lässt und oft als Einfassungspflanze Verwendung findet

42 Julianes Berberitze
Berberis julianae C. K. Schneid. *(Berberidaceae)*
Verbreitung: China
Höhe: 2,80 m
Blätter: immergrün, 5–9 cm lang, ledrig, Blattdornen dreiteilig, 1–4 cm lang

43 Gewöhnliche Berberitze
Berberis vulgaris L. *(Berberidaceae)*
Verbreitung: Skandinavien bis Südeuropa, Kleinasien, Kaukasus
Höhe: 3,40 m
Stammdurchmesser: bis 0,03 m
Rinde: leicht giftig; Blätter: sommergrün, leicht giftig; Blüten: gelbe Trauben; Schleudermechanismus der Staubblätter; Früchte: rot, essbar

44 Pfitzers Wacholder
Juniperus x media Melle *'Pfitzeriana'* (Späth) P. Schmidt *(Cupressaceae)*
Höhe: 3,00 m
Besonderheit: stark verzweigtes Gehölz

45 Erbsenfrüchtige Scheinzypresse

Chamaecyparis pisifera (Sieb. et Zucc.) Endl.
(Cupressaceae)
Verbreitung: Japan
Höhe: 13,25 m
Stammdurchmesser: bis 0,27 m
Wuchs: mehrstämmig; Blätter: schuppenartig, oberseits matt glänzend, unterseits
graugrün; flächenständige Blätter scharf
zugespitzt, mit langgestreckten Harzdrü-
sen; kantenständige Blätter mit mehr oder
weniger weit abstehenden Spitzen

46 Japanische Lavendelheide ○

Pieris japonica (Thunb. ex Murray) D. Don
ex G. Don *(Ericaceae)*
Verbreitung: Japan
Höhe: 3,50 m
Stammdurchmesser: bis 0,07 m
Blätter: immergrün, am Triebende quirlig
gehäuft, verkehrt schmal eiförmig bis lanzettlich, bis 8 cm lang, im Austrieb bräunlich rot gefärbt; Blüten: weiß, in lockeren,
bis 15 cm langen Rispen; Blütezeit: Ende
März / Mai

47 Sorte der Erbsenfrüchtigen Scheinzypresse

Chamaecyparis pisifera (Sieb. et Zucc.) Endl.
'*Plumosa*' *(Cupressaceae)*
Höhe: 5,00 m
Stammdurchmesser: 0,06–0,08 m
Wuchs: von unten mehrstämmig; Gruppe
von drei Exemplaren

48 Breitblättriger Spindelstrauch

Euonymus latifolius (L.) Mill. *(Celastraceae)*
Verbreitung: Südosteuropa, Kaukasus,
Kleinasien
Höhe: 2,70 m
Stammdurchmesser: bis 0,03 m

Frühjahrsaustrieb der Japanischen Lavendelheide

49 Nest-Fichte

Picea abies (L.) H. Karst. '*Nidiformis*'
(Pinaceae)
Höhe: 1,00 m
Wuchs: halbkugelig, abgeflacht, mit nest-
förmiger Vertiefung in der Mitte; seit 1906
beschrieben

50 Sorte der Erbsenfrüchtigen Scheinzypresse

Chamaecyparis pisifera (Sieb. et Zucc.) Endl.
'*Filifera Aurea*' *(Cupressaceae)*
Höhe: 6,25 m
Stammdurchmesser: 0,05–0,13 m
Wuchs: 5-stämmig; Zweige: fadenförmig,
dünn hängend; Zweige und Schuppenblät-
ter goldgelb, im Innern vergrünend

51 Gewöhnlicher Buchsbaum

Buxus sempervirens L. *(Buxaceae)*
Verbreitung: Eurasien
Höhe: 4,40 m
Stammdurchmesser: bis 0,04 m
Blätter: immergrün

Vielblütige Lavendelheide in voller Blüte

Blütenzweig der Vielblütigen Lavendelheide

52 Vielblütige Lavendelheide ○
Pieris floribunda (Pursh ex Sims) Benth. et Hook. *(Ericaceae)*
Verbreitung: südöstliche USA
Höhe: 2,50 m
Stammdurchmesser: bis 0,04 m
Zweige: junge Triebe behaart; Blüten: weiß, in dichten aufrechten Rispen; Blütezeit: März/Mai

53 Sorte des Schuppen-Wacholders
Juniperus squamata Buch.-Ham. ex D. Don 'Blue Carpet' *(Cupressaceae)*
Höhe: 0,60 m
Wuchs: kleines Exemplar, steht direkt am Weg vor der Lavendelheide

54 Sorte der Lawsons Scheinzypresse
Chamaecyparis lawsoniana (A. Murray) Parl. 'Alumi' *(Cupressaceae)*
Höhe: 4,60 m
Stammdurchmesser: 0,04–0,06 m
Wuchs: 3-stämmig; schmal kegelförmig; Blätter: blau bereift, später mehr graublau

55 Zuckerhut-Fichte
Picea glauca (Moench) Voss 'Conica' *(Pinaceae)*
Höhe: 3,30 m
Stammdurchmesser: 0,18 m

56 Berg-Kiefer
Pinus mugo Turra *(Pinaceae)*
Verbreitung: Gebirge in Mitteleuropa
Höhe: 1) 3,40 m 2) 3,90 m
Stammdurchmesser: 1) 0,04 m 2) 0,08 m
Wuchs: zwei Exemplare; mehrere Stämme; von unten aufstrebend verzweigt; strauchig

57 Hiba
Thujopsis dolabrata (L. f.) Sieb. et Zucc. *(Cupressaceae)*
Verbreitung: Japan
Höhe: 2,40 m
Stammdurchmesser: bis 0,03 m
Blätter: immergrün; schuppenförmig, decken sich dachziegelartig; oberseits breit, glänzend frischgrün, unterseits heller mit silberweißen Spaltöffnungsflecken

Der Kletter-Spindelstrauch im Herbst

58 Sorte des Kletter-Spindel-strauchs ○

Euonymus fortunei (Turcz.) Hand.-Mazz.
'Vegeta' (Celastraceae)
Verbreitung: China
Höhe: 1,00 m
Wuchs: breitbuschig, auch kletternd

59 Weidenblättrige Zwergmispel

Cotoneaster salicifolius Franch. *(Rosaceae)*
Verbreitung: Westchina
Höhe: 1,40 m
Blätter: immergrün, elliptisch bis elliptisch-lanzettlich; Früchte: korallenrot, rundlich, 4–6 mm dick

60 Sicheltanne

Cryptomeria japonica (L. f.) D. Don
(Taxodiaceae)
Verbreitung: Japan
Höhe: 7,00 m
Stammdurchmesser: 0,11 m
Besonderheit: gedrehter Stamm; Nadeln: pfriemförmig, 6–25 mm lang, sichelartig gekrümmt

61 Abendländischer Lebensbaum

Thuja occidentalis L. *(Cupressaceae)*
Verbreitung: Nordamerika
Höhe: 5,00 m
Stammdurchmesser: 0,15 m
Blätter: schuppenförmig; Zapfen: länglich elliptisch, 10–13 mm lang, zur Reife mit klaffenden Schuppen; Mitte des 17. Jahrhunderts nach Europa eingeführt

62 Zwerglebensbaum

Microbiota decussata Kom. *(Cupressaceae)*
Verbreitung: Ostsibirien
Höhe: 0,40 m
Wuchs: 1,20 m breit, Blätter: schuppenförmig, kreuzweise gegenständig, 2–5 mm lang, am Rande mit weißlichem Saum, Blattfarbe grün bis gelblichgrün, im Winter bronzerot bis purpurfarben

63 Sorte der Harringtons Kopfeibe

Cephalotaxus harringtonia (Knight ex J. Forbes) K. Koch *var. drupacea* (Sieb. et Zucc.) Koidz. *(Cephalotaxaceae)*
Verbreitung: Japan, China, Korea
Höhe: 1,50 m
Nadeln: oberseits mit deutlicher Mittelrippe, unterseits mit zwei breiten Spaltöffnungsstreifen; 1998 gepflanzt

64 Sorten der Japanischen Azalee

Rhododendron-Kiusianum-Hybriden
(Ericaceae)
Besonderheiten: zahlreiche Sträucher; flächendeckend angepflanzt; verschiedene Sorten: 'Silberrosa', Blüten: zart lavendelfarben, vielblütig; 'Purple Splendour', Blüten: dunkelpurpurn, doppelhosig; 'Moederkensdag', Blüten: leuchtend blutrot; Pillnitzer »Stein-Sorten«: 'Lilienstein', Blüten: leuchtend dunkelviolett, leicht gewellter Rand; 'Königstein', Blüten: dunkelviolett,

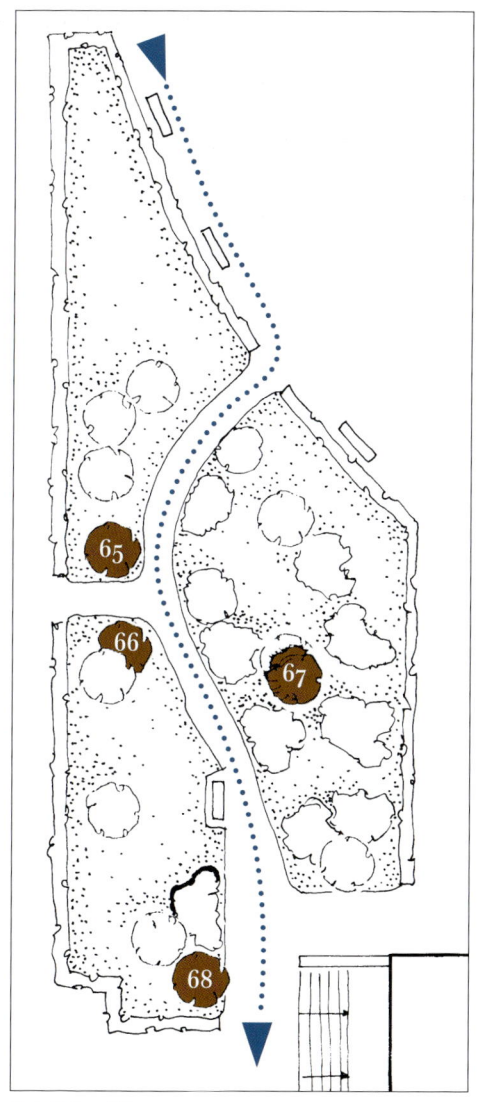

Detailplan IV

leicht gewellter Rand, Blütezeit: vor *'Lilien-stein'*; *'Rotstein'*, Blüten: einfach ziegelrot, 30-40 mm Durchmesser, offene Trichter-Glockenform, sehr reich blühend; Blütezeit: früh

65 Rhododendron-Sorte
Rhododendron 'Granat' (Ericaceae)
Höhe: 1,80 m
Blüten: karminrot mit schwacher roter Zeichnung; T. J. R. Seidel (1905)

66 Rhododendron-Sorte
Rhododendron 'Markgraf' (Ericaceae)
Höhe: 1,60 m
Wuchs: verzweigt sich ohne Schnitt hervorragend; Blüten: dunkelviolett mit braungelber Zeichnung auf hellerem Grund; T. J. R. Seidel (1910)

67 Tulpenbaum
Liriodendron tulipifera L. (Magnoliaceae)
Verbreitung: östliche bis südöstliche USA
Höhe: 23,00 m
Stammdurchmesser: 1) 0,29 m 2) 0,32 m
Wuchs: Zwiesel ab 0,40 m Höhe; Blätter: im Umriss fast viereckig, Mittellappen mit sattelförmiger Einbuchtung, zwei Spitzen bildend; Pflanzenname kommt aus dem Griechischen (leirion = Lilie, dendron = Baum)

68 Rhododendron-Sorte
Rhododendron 'Humboldt' (Ericaceae)
Höhe: 2,00 m
Blüten: lilarosa mit schwarzrotem Fleck; T. J. R. Seidel (1926)

69 Holländische Linde
Tilia x vulgaris Hayne (Tiliaceae)
Verbreitung: Europa, Britische Inseln
Höhe: 13,00 m (vor dem Absetzen)

Stammdurchmesser: 0,79 m
Besonderheit: Baum bis auf 4 m Stammhöhe abgesetzt; Blätter: auf den Blattadern stark behaart; Kreuzung aus *T. cordata x T. platyphyllos*

70 Sommer-Linde
Tilia platyphyllos Scop. (Tiliaceae)
Verbreitung: Europa, Kaukasus, Britische Inseln
Höhe: 14,00 m (vor dem Absetzen)
Stammdurchmesser: 0,68 m
Besonderheit: Baum bis auf 4 m Stammhöhe abgesetzt; Borke: längsrissig, dicht gerippt; Blätter: rundlich eiförmig, 7-15 cm lang, plötzlich zugespitzt, auf der Blattunterseite mit weißlichen Achselbärten

71 Ahornblättrige Platane
Platanus x hispanica Münchh. (Aceraceae)
Höhe: 32,00 m
Stammdurchmesser: 0,98 m
Besonderheit: Hybride aus *P. occidentalis x P. orientalis*; Gruppe von drei Bäumen; Borke: löst in sehr großen Platten ab, darunter erscheint sie hell, Stamm dadurch fleckig; Blätter: drei- bis fünflappig; Knospen durch spezielle Bildung des Blattstielgrundes kapuzenartig umwachsen; Früchte: Fruchtstände kugelig; Holz mit hohem Heizwert; oft auch als Straßenbaum verwendet

72 Sparrige Zwergmispel
Cotoneaster divaricatus Rehder et E. H. Wilson (Rosaceae)
Verbreitung: Zentral- und Westchina
Höhe: 2,90 m
Wuchs: Zweige weit abstehend; Blüten: weiß, am Grunde rötlich; Blütezeit: Juni

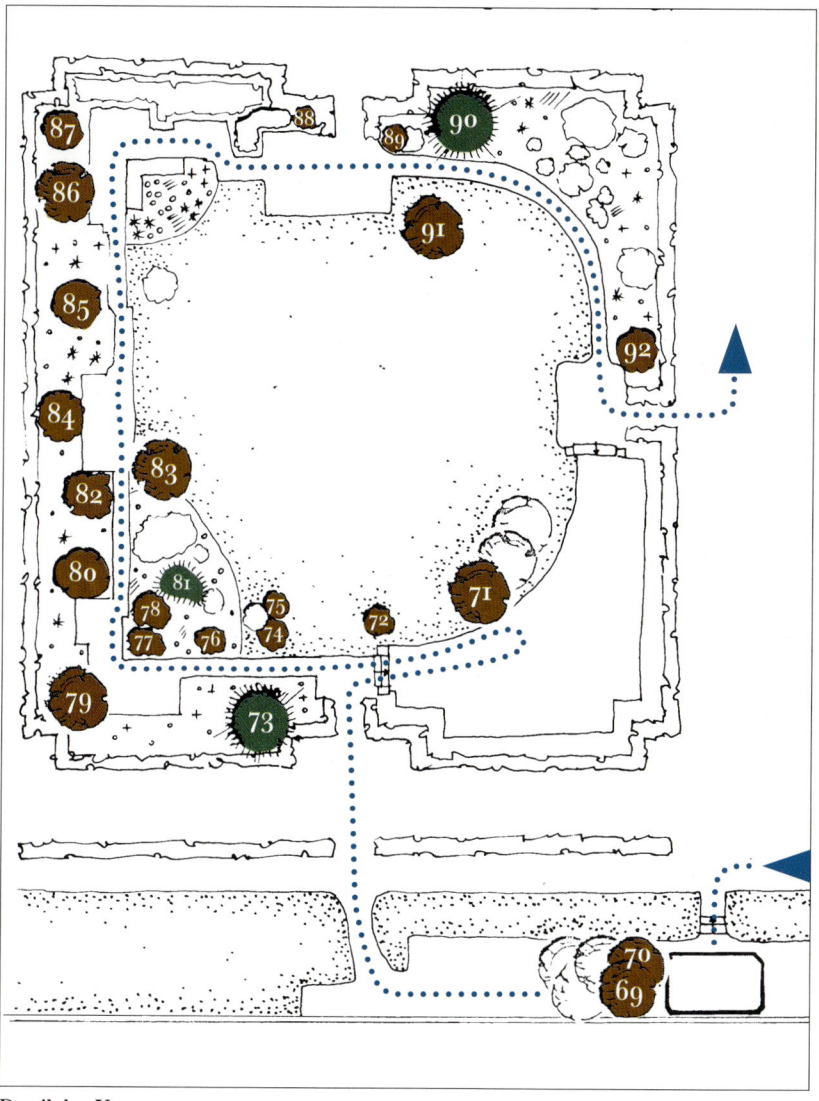

Detailplan V

73 Japanische Lärche
Larix kaempferi (Lamb.) Carr. *(Pinaceae)*
Verbreitung: Japan
Höhe: 22,50 m
Stammdurchmesser: 0,98 m
Wuchs: bis unten beastet

74 Chinesische Hortensie
Hydrangea heteromalla D. Don
(Hydrangeaceae)
Verbreitung: Himalaja, China
Höhe: 3,50 m
Stammdurchmesser: bis 0,03 m
Blätter: eiförmig bis länglich eiförmig, 9 bis
20 cm lang

75 Wald-Hortensie
Hydrangea arborescens L. *(Hydrangeaceae)*
Verbreitung: östliche USA
Höhe: 1,70 m
Wuchs: strauchartig; Blätter: eiförmig, 6
bis 20 cm lang, Blattoberseite mit samtarti-
gen Haaren

76 Nanshan-Zwergmispel
Cotoneaster praecox (Bois et Berthault)
M. Vilm. *(Rosaceae)*
Verbreitung: westliches China
Höhe: 1) 1,20 m 2) 0,70 m
Wuchs: niedriger, aber breiter Strauch;
Früchte: mehr als 1 cm dick, kugelig, inten-
siv rot gefärbt

77 Echter Gewürzstrauch
Calycanthus floridus L. *(Calycanthaceae)*
Verbreitung: östliche USA
Höhe: 1,20 m
Besonderheit: zerriebene Blätter riechen
gewürzartig; Blüten: stark duftend, einzeln
mit schmalen Kronblättern, dunkel rot-
braun; Blütezeit: Mai/Juli

Herbstblüte der Virginischen Zaubernuss

78 Nanshan-Zwergmispel
Cotoneaster praecox (Bois et Berthault)
M. Vilm. *(Rosaceae)*
Verbreitung: westliches China
Höhe: ca. 1,50 m

79 Blauglockenbaum
Paulownia tomentosa (Thunb. ex Murray)
Steud. *(Scrophulariaceae)*
Verbreitung: China
Höhe: 8,50 m
Stammdurchmesser: 0,45 m
Um 1960 gepflanzt

80 Virginische Zaubernuss ○
Hamamelis virginiana L. *(Hamamelidaceae)*
Verbreitung: östliches Nordamerika
Höhe: 5,00 m
Stammdurchmesser: 0,03–0,07 m
Blätter: grob gckcrbt, ciförmig elliptisch;
Blüten: hellgelb, duftend; Blütezeit: Okto-
ber/November

Blütenzweig des Fächer-Ahorns **Blütenzweig des Pflaumen-Spierstrauchs**

81 Niederliegende Fichte
Picea abies (L.) H. Karst. *'Repens' (Pinaceae)*
Höhe: 0,60 m
Besonderheit: Sorte der Gemeinen Fichte

82 Vorfrühlings-Rhododendron
Rhododendron 'Praecox' (Ericaceae)
Höhe: 1) 1,60 m 2) 2,00 m
Blätter: wintergrün; Blüten: reich blühend,
leuchtend lilarosa; Blütezeit: sehr früh im
März/April; *Rhod. ciliatum x Rhod. dauricum*, Davies (ca. 1855)

83 Fächer-Ahorn ○
Acer palmatum Thunb. ex Murray *(Aceraceae)*
Verbreitung: Japan, Korea
Höhe: 9,00 m
Stammdurchmesser: 0,31 m
Blätter: fünf- bis siebenlappig, Herbstfärbung rot; Blüte: purpurne kleine Doldenrispen; Blütezeit: Mai/Juni; dekorativer
Baum

84 Pflaumen-Spierstrauch ○
Spiraea prunifolia Sieb. et Zucc. *'Plena'*
(Rosaceae)
Höhe: 3,00 m
Blätter: elliptisch, 2–5 cm lang; Blüten:
weiß, gefüllt; Blütezeit: April/ Mai

85 Gartenbambus
Sinarundinaria nitida (Mitf.) Nakai *(Poaceae)*
Verbreitung: Zentral- und Westchina
Höhe: 1,50 m
Wuchs: Strauch kann bis zu 6 m hoch werden; Blätter: Blattscheiden meist purpurfarben

86 Sand-Birke
Betula pendula Roth *(Betulaceae)*
Verbreitung: Europa, Sibirien, Kleinasien,
Kaukasus
Höhe: 24,00 m
Stammdurchmesser: 0,61 m
Wuchs: starkwüchsig, mit mehr oder weniger stark hängenden Zweigen; häufigste
einheimische Birkenart

87 Sorte des Wintergrünen Ligusters

Ligustrum ovalifolium Hassk. *'Aureum'*
(Oleaceae)
Höhe: 2,70 m
Blätter: elliptisch, 3–7 cm lang, goldgelb
umrandet oder ganz gelb

88 Sorte der Sommergrünen Azalee

Rhododendron-Exbury-Hybride 'Cecile'
(Ericaceae)
Höhe: 1,30 m
Blüten: tiefrosa mit gelbem Fleck, groß-
blütig; Rothschild (1947); benachbart mit
der niedrigen Sorte 'Purple Splendour';
Blüten: lachsrosa bis purpurfarben, dop-
pelhosig

89 Pontische Azalee

Rhododendron luteum Sweet *(Ericaceae)*
Verbreitung: Osteuropa, Kaukasus, Russ-
land, Türkei
Höhe: 1,70 m
Blätter: sommergrün; Blüten: gelb, stark
duftend; Blütezeit: Mai; benachbart mit
Rhod. glabrius, Verbreitung: Ostchina; Blü-
ten: hellgelb

90 Sorte der Erbsenfrüchtigen Scheinzypresse

Chamaecyparis pisifera (Sieb. et Zucc.) Endl.
'Filifera' *(Cupressaceae)*
Höhe: 4,00 m
Stammdurchmesser: 0,02–0,14 m
Wuchs: mehrstämmig; Sorte mit fadenför-
migen Trieben

91 Fächer-Ahorn ○ S. 97

Acer palmatum Thunb. ex Murray
(Aceraceae)
Verbreitung: Japan, Korea
Höhe: 12,00 m
Stammdurchmesser: 0,10–0,18 m
Wuchs: 3-stämmig in 1,00 m Höhe; Blätter:
fünf- bis siebenlappig; Herbstfärbung rot;
dekorativer Baum

92 Wolliger Schneeball

Viburnum lantana L. *(Caprifoliaceae)*
Verbreitung: Mittel- bis Südeuropa
Höhe: 3,70 m
Stammdurchmesser: bis 0,03 m
Wuchs: mehrstämmig; Blätter: unterseits
grau filzig behaart

6. Teil: Gehölze im Fährstück, entlang der Elbseite des Schlosses und im Fliederhof

Der sechste Abschnitt des Rundweges beginnt im Fährstück, einer 1865 nach den Vorstellungen Peter Joseph Lennés unter Anleitung von Gustav Meyer geschaffenen Anlage. Vom AHA-Graben führt der Weg bis zur Anlegestelle der Fähre und biegt danach wieder Richtung Südosten ab. Hier geht es entlang der Parkmauer bis zur Elbseite des Wasserpalais, bis hin zu den an den Spaliergerüsten der Flügelbauten befindlichen Kletterpflanzen. Von dort verläuft der Weg weiter über die Treppe zwischen der Löwenkopfbastei und dem Wasserpalais bis zum Küchenflügel des Neuen Palais und zum Fliederhof. Der Rundgang endet am Ausgangspunkt, an der Besucherinformation »Alte Wache«.

Der Fliederhof hat eine Fläche von 55 mal 60 m. Das darin befindliche Wegekreuz bildet vier nahezu quadratische Rasenflächen. Im Fliederhof waren ursprünglich (vermutlich um 1860) 104 Flieder gepflanzt worden. Heute befinden sich dort noch etliche Exemplare der zweiten Pflanzung vom Beginn des 20. Jahrhunderts, drehwüchsige Einzelstämme (Zwischenveredlung) von *Syringa vulgaris*-Sorten mit dem Chinesischen Flieder als Kronenbildner. Zur Zeit der Blüte – etwa Mitte Mai – bedecken die stark duftenden Blütenstände der zart violetten Blüten die gesamte Kronenoberfläche. Die schmalen, lanzettlichen Blätter sind zur Blütezeit noch wenig entfaltet. Je nach Witterungsbedingungen sind die Bäume nach etwa 14 Tagen abgeblüht. Da nur noch die knappe Hälfte der ursprünglichen Anzahl der Fliederbäume vorhanden ist, wurde eine vollständige Verjüngung des Bestandes vorgesehen. Das Ausgangsmaterial für die bereits in Anzucht befindlichen Jungpflanzen konnte aus dem Altbestand gewonnen werden.

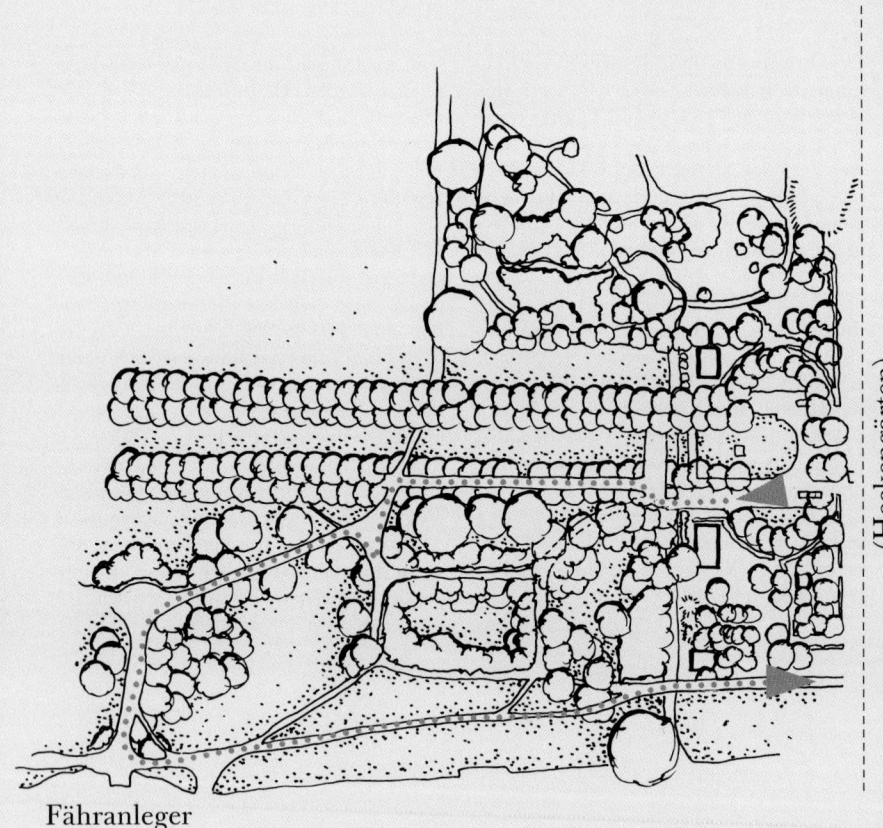

(Heckengärten)

Fähranleger

Elbe

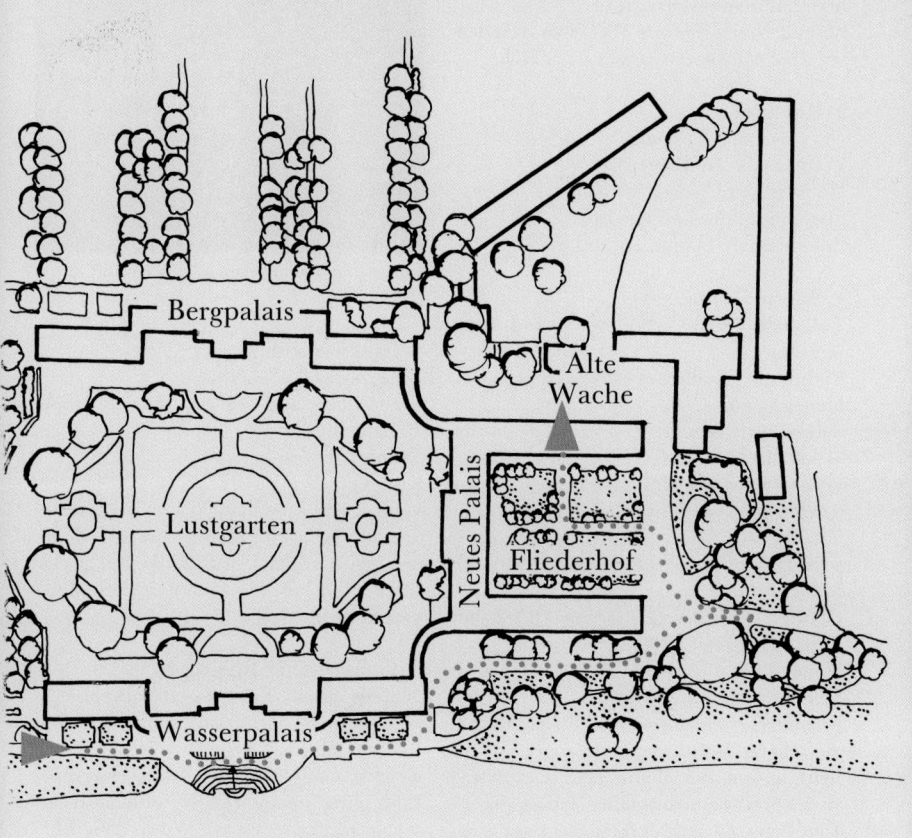

Bergpalais

Alte
Wache

Neues Palais

Lustgarten

Fliederhof

Wasserpalais

Elbe

1 Silber-Linde
Tilia tomentosa Moench *(Tiliaceae)*
Verbreitung: Ost- und Südosteuropa
Höhe: 9,00 m (ehemals 24,00 m)
Stammdurchmesser: 0,94 m
Besonderheit: Stamm abgesetzt; veredelt
auf *Tilia platyphyllos* in ca. 2,00 m Höhe

2 Rot-Eiche
Quercus rubra L. *(Fagaceae)*
Verbreitung: Nordamerika
Höhe: 12,50 m
Stammdurchmesser: 1,20 m
Besonderheit: Stamm abgesetzt

3 Alpen-Goldregen
Laburnum alpinum (Mill.) Bercht. et J. Presl
(Fabaceae)
Verbreitung: südliches Mitteleuropa
Höhe: 9,50 m
Stammdurchmesser: 1) 0,32 m 2) 0,15 m
3) 0,15 m
Wuchs: ab 0,50 m Höhe 3-stämmig; Früchte: Hülsen bis 2 mm breit geflügelt

4 Sorte des Amerikanischen Lederhülsenbaums
Gleditsia triacanthos L. 'Inermis' (L.) Zabel
(Caesalpiniaceae)
Höhe: 15,00 m
Stammdurchmesser: 0,63 m
Besonderheiten: dornenlos; einziges Exemplar dieser Sorte im Schlosspark; Baum steht unweit des Behindertenparkplatzes an der Straße zur Autofähre (schräg gegenüber befinden sich aufgestellte Basaltsäulen)

Chinesischer Blauregen in voller Blüte

5 Bruch-Weide
Salix fragilis L. *(Salicaceae)*
Verbreitung: Süd-, Mittel- und Osteuropa
Höhe: 14,00 m
Stammdurchmesser: 0,25–0,95 m
Kronendurchmesser: 18,00 m
Wuchs: großkronig, mehrstämmig, am Boden niederliegend; Zweige: relativ dünn, brechen an der Ansatzstelle leicht ab; Baum steht an der Mündung des Meixbaches in die Elbe

6 Chinesischer Blauregen ○
Wisteria sinensis (Sims) Sweet *(Fabaceae)*
Verbreitung: China, nordöstliche USA
Blätter: unpaarig gefiedert; Blüten: blauviolette, lange Trauben; Blütezeit: April/ Juni; giftig! benannt nach nordamerikanischem Mediziner Caspar Wistar (1761–1818)

7 Amerikanischer Mondsame
Menispermum canadense L. *(Menispermaceae)*
Verbreitung: nordöstliches bis südöstliches Nordamerika

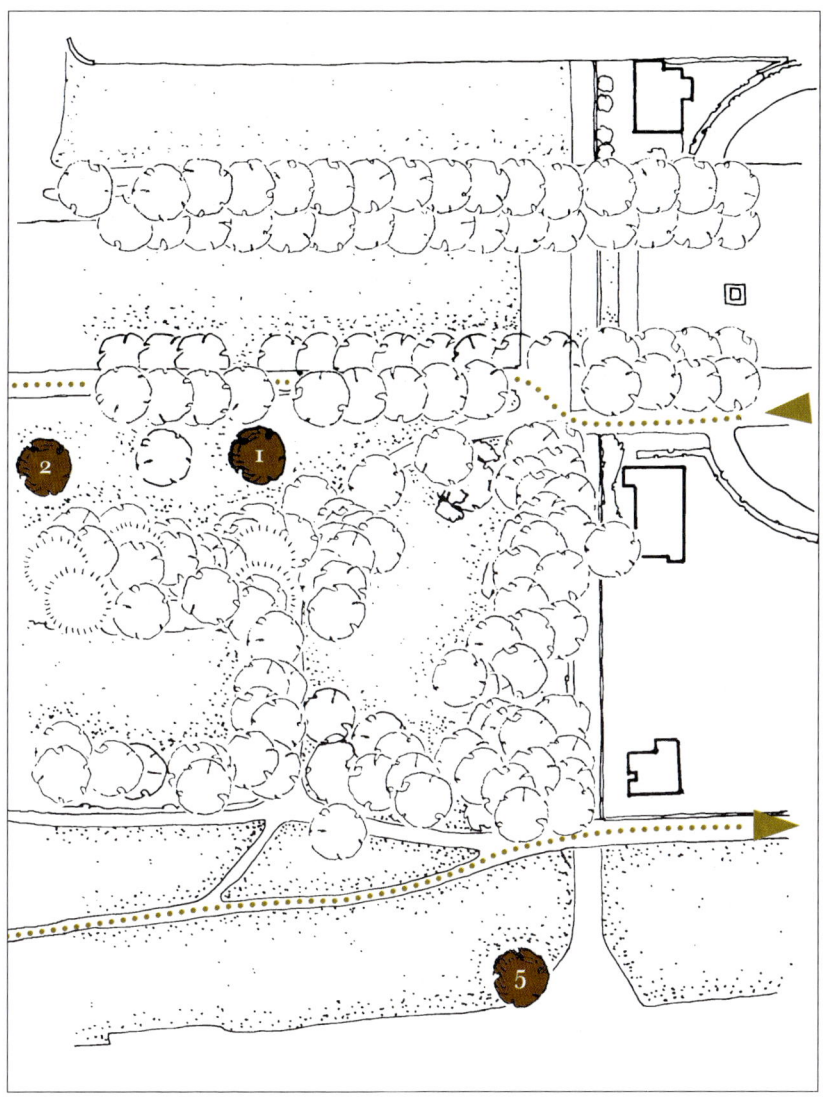

Detailplan I

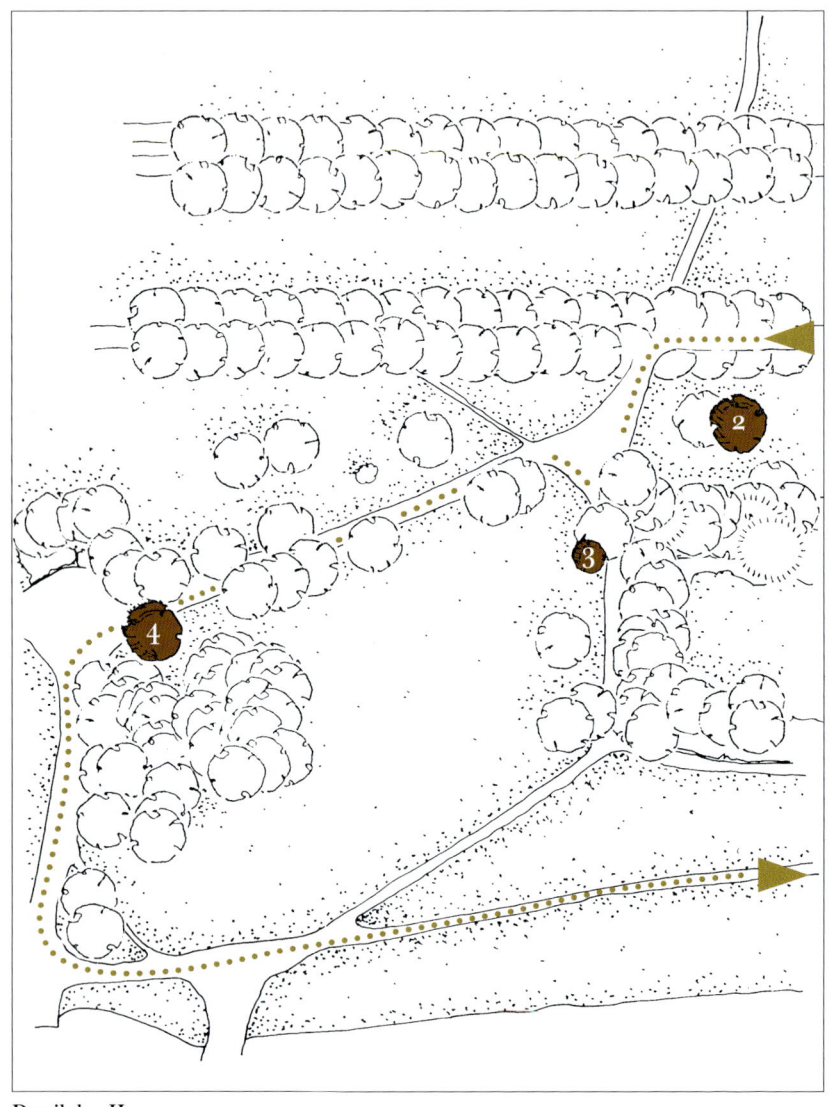

Detailplan II

Dendrologischer Rundgang durch den Schlosspark

Wuchs: dünne Zweige; linkswindend; Blätter: wechselständig, langgestielt, fast rundlich; Blüten: in lockeren Rispen; Früchte: Steinkerne der Früchte mit mondähnlich abgeflachten Samen; Pflanze befindet sich auf der linken Seite des Wasserpalais, eingerahmt von Blauregen

8 Berg-Ahorn

Acer pseudoplatanus L. *(Aceraceae)*
Verbreitung: Europa, Kaukasus, Türkei
Höhe: 16,50 m
Stammdurchmesser: 0,68 m
Besonderheit: großkroniger Baum an der Löwenkopfbastei

9 Eingriffliger Weißdorn ○

Crataegus monogyna Jacq. *(Rosaceae)*
Verbreitung: Europa, Kleinasien
Höhe: 8,75 m
Stammdurchmesser: 0,23–0,28 m
Wuchs: 3-stämmig; Blüte: weiße Doldenrispen; Blütezeit: Mai/Juni

10 Gemeiner Goldregen ○

Laburnum anagyroides Medik. *(Fabaceae)*
Verbreitung: Europa, Osteuropa, Balkan
Höhe: 4,75 m
Blätter: wechselständig und dreizählig, Blättchen ganzrandig; Blüten: gelbe Schmetterlingsblüten in dichten Trauben; Früchte: Hülsen, giftig!

11 Hecht-Rose

Rosa glauca Pourr. *(Rosaceae)*
Verbreitung: Europa
Höhe: 2,20 m
Besonderheit: Triebe und Blätter sind auffallend rötlich bis hechtblau überlaufen; Blüten: Kronblätter karminrosa; Blütezeit: Mai; manchmal auch als Rotblättrige Rose bezeichnet

Eingriffliger Weißdorn und Gemeiner Goldregen in voller Blüte

12 Tatarische Heckenkirsche

Lonicera tatarica L. *(Caprifoliaceae)*
Verbreitung: östliches Europa, Zentralasien
Höhe: 4,50 m
Früchte: kugelige, hellrote Beeren

13 Gewöhnliche Berberitze

Berberis vulgaris L. *(Berberidaceae)*
Verbreitung: Mittel-, Süd- und Südosteuropa
Höhe: 5,00 m
Stammdurchmesser: 0,25 m
Besonderheit: als Zwischenwirt stark anfällig für den Getreideschwarzrost *Puccinia graminis*, deshalb besteht ein Anbauverbot für die Art in Getreideanbaugebieten als Strauch mit voller Stammbildung

14 Drüsiger Götterbaum

Ailanthus altissima (Mill.) Swingle *(Simaroubaceae)*
Verbreitung: China
Höhe: 12,00 m

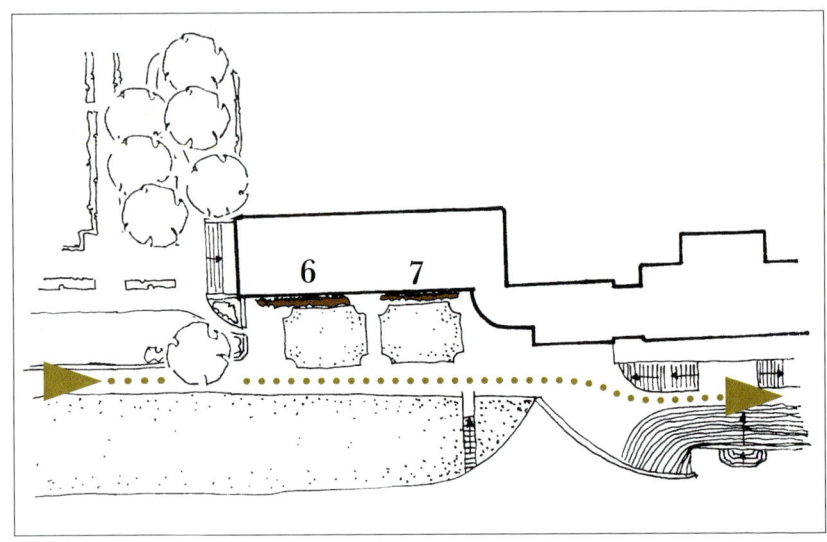

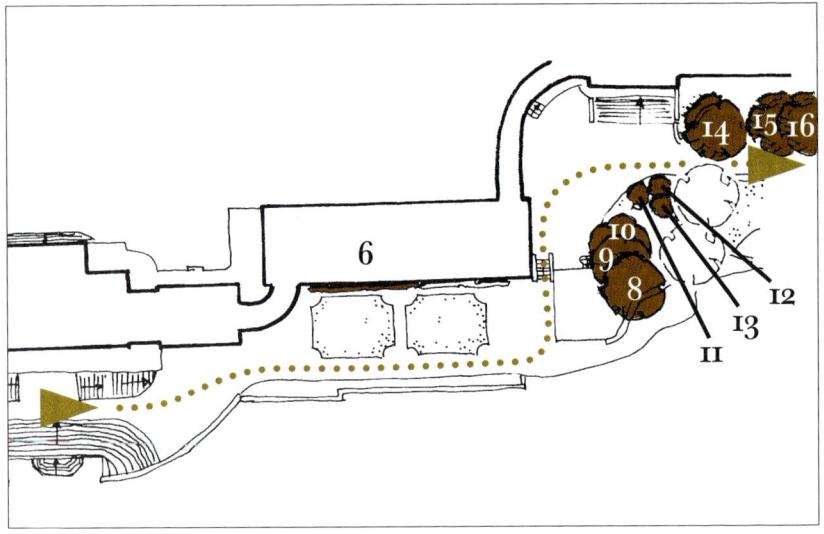

Detailplan III

Blütenpracht des Purpur-Apfels

Blütenzweig des Purpur-Apfels

Stammdurchmesser: 1) 0,33 m 2) 0,30 m
3) 0,33 m
Wuchs: 3-stämmig, stattlich; Rinde: strei-
fig gemustert; Blätter: 50–100 cm lang, unpaarig gefiedert mit Drüsenpaar an der
Basis jedes Fiederblattes; Blüten: gelblich
weiß, in großen Rispen, unangenehm riechend, zweihäusig; Blütezeit: Juni/Juli;
Früchte: eschenähnlich, geflügelt, schmü-
cken den weiblichen Baum noch im Winter

15 Blasenesche
Koelreuteria paniculata Laxm. *(Sapindaceae)*
Verbreitung: China, Japan, Korea
Höhe: 9,50 m
Stammdurchmesser: 0,45 m
Blätter: unpaarig gefiedert, kerbig gesägte
Fiederblättchen; Blüten: rispige Blüten-
stände tragen leuchtend gelb gefärbte Blü-
ten; Blütezeit: Juni/Juli; Früchte: blasige
Kapseln, verbleiben am Baum bis ins fol-
gende Jahr; in Dresden auch als Straßen-
baum (Wilsdruffer Straße) verwendet

16 Sorte des Purpur-Apfels ○
Malus x purpurea (Barbier) Rehder *'Eleyi'*
(Rosaceae)
Höhe: 17,00 m
Stammdurchmesser: 0,28 m
Besonderheit: blaurot gefärbte Hybride;
Blüte: purpurrot aufblühend; Blütezeit:
April/Mai; Früchte: etwa 2 cm, ebenfalls
tiefpurpurn gefärbt

17 Sorte der Kirsch-Pflaume
Prunus cerasifera Ehrh. *'Woodii' (Rosaceae)*
Höhe: 7,00 m
Stammdurchmesser: 0,35 m
Blätter: im Austrieb dunkel- bis schwarz-
rot, Laubfärbung bleibt so erhalten; Blü-
ten: einzeln, rosa; 1910 von der Baumschule
Späth aus Berlin in den Handel gebracht

Die alte auseinandergebrochene Weichsel-Kirsche zur Blütezeit

Blühende Äste des Blauglockenbaums mit den typisch rispenartigen Blütenständen

18 Weichsel-Kirsche ○

Prunus mahaleb L. *(Rosaceae)*
Verbreitung: Mittel- und Südeuropa, Kleinasien, Kaukasus
Höhe: 7,00 m
Stammdurchmesser: 1) 0,34 m 2) 0,58 m 3) 0,34 m 4) 0,35 m
Wuchs: eine Pflanze mit breit ausladenden, stark gebogenen Stämmen; ursprünglich waren es sechs Stück, später mussten abgängige Stämme beseitigt werden

19 Japanische Zierquitte

Chaenomeles japonica (Thunb.) Lindl. ex Spach *(Rosaceae)*
Verbreitung: Japan
Höhe: 2,50 m

20 Sorten des Chinesischen Flieders

Syringa x chinensis Willd. 'Alba' und 'Metensis' *(Oleaceae)*
Höhe: 3,60 m

Besonderheit: ein Zweig dieses Exemplars blüht im ursprünglichen Farbton des *Syr. x chinensis*-Typs helllila; Blütezeit: Mai/Juni; Hybride aus *Syr. persica x Syr. vulgaris*, in Frankreich entstanden

21 Blauglockenbaum ○

Paulownia tomentosa (Thunb. ex Murray) Steud. *(Scrophulariaceae)*
Verbreitung: China
Höhe: 10,50 m
Stammdurchmesser: 0,39 m
Wuchs: erreichbare Höhe etwa 20 m, bei uns jedoch höchstens 10-12 m; Blätter: groß, spitz eiförmig zulaufend; Blüten: an vorjährigen Zweigen in rispenartigen Blütenständen, 5-6 cm lange Rachenblüten, große braune Blütenknospen stark frostgefährdet; Blütezeit: April/Mai
Philipp Franz (Balthasar) von Siebold (1796-1866) brachte 1830 Samen der Paulownie aus Japan mit. 1834 wurde der erste Baum in Europa (Jardin de Plantes, Paris)

Dendrologischer Rundgang durch den Schlosspark

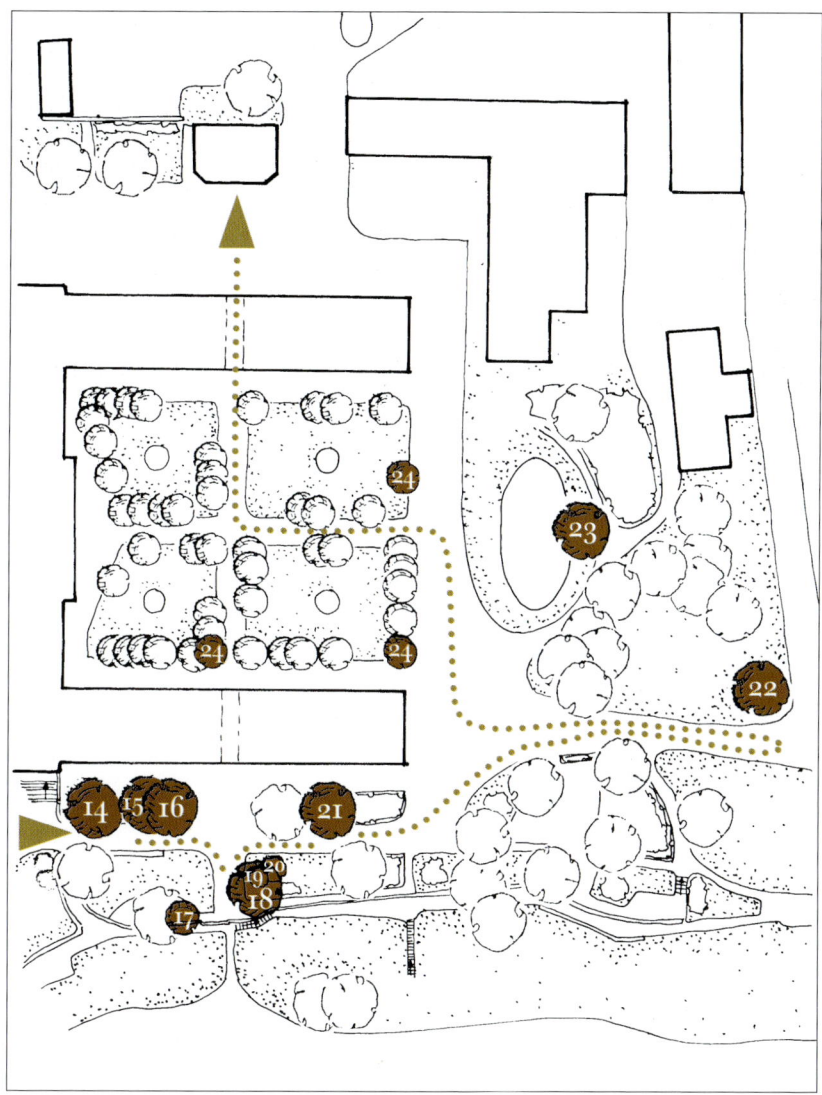

Detailplan IV

6. Teil: Gehölze im Fährstück, entlang der Elbseite des Schlosses und im Fliederhof

gepflanzt. 1844 kamen sechs Paulownien nach Anhalt-Dessau, von denen 1848 in Groß-Kühnau bei Dessau die erste Paulownie in Deutschland blühte. Die Namensgebung *Paulownia* erfolgte zu Ehren der russischen Großfürstin Anna Pawlowna »Paulowna« (1795-1865), Tochter des Zaren Paul I. (1754-1801) und Enkeltochter der Zarin Katharina II. (1729-1796). Sie heiratete 1816 in Petersburg den niederländischen Prinzen und späteren König der Niederlande Wilhelm II. (1792-1849).

Chinesischer Flieder mit drehwüchsigem Stamm zur Blütezeit

22 Schwarznuss

Juglans nigra L. *(Juglandaceae)*
Verbreitung: östliche USA
Höhe: 11,00 m
Stammdurchmesser: 0,65 m
Besonderheit: einziges Exemplar im Parkbereich

23 Hänge-Esche

Fraxinus excelsior L. 'Pendula' *(Oleaceae)*
Höhe: 12,50 m
Stammdurchmesser: 0,48 m
Wuchs: Äste und Zweige in weitem Bogen senkrecht bis zum Boden herunterhängend

24 Chinesischer Flieder ○

Syringa x chinensis Willd. *(Oleaceae)*
Höhe: 1,35 m bis 2,60 m
Stammdurchmesser: 0,11 m bis 0,31 m
Besonderheiten: Sorte ist auf einem Hochstamm veredelt (Sorte von *Syr. vulgaris* mit Drehwuchs); alle Bäume zeigen eine auffallende Veredlungswulst; Hybride aus *Syr. persica x Syr. vulgaris*, in Frankreich entstanden

Der Fliederhof am Neuen Palais Mitte Mai in voller Blüte

Anhang

Register der deutschen Pflanzennamen

Register der botanischen Pflanzennamen

Worterklärungen

abgängig
Baum stirbt langsam ab; Ursache können schlechte Standortbedingungen, Krankheiten und Schädigungen oder das Erreichen der Altersgrenze sein

abgesetzt
Baum (oder Starkast) ist bis auf ein wenige Meter langes Stammstück entfernt bzw. eingekürzt

Achselbärte
Haarbüschel in den Verzweigungswinkeln der Nerven auf der Unterseite fiedernerviger Blätter

Adventivwurzeln
Wurzeln, die sich aus dem Sprosssystem der Pflanze bilden

AHA
Als Graben ausgebildete »unsichtbare« Grenze zwischen Garten und Umgebung

alluvial
im Alluvium entstanden; Alluvium – Zeitalter der Anschwemmungen, der Flussablagerungen (von der Eiszeit bis heute)

dachziegelartig
Blätter wechselständig und der Sprossachse dicht anliegend, so dass diese infolge der dichten Beblätterung verdeckt wird

doppelhosig
Blüte hat eine doppelte Blütenkrone, die sowohl aus dem äußeren Kranz der Staubgefäße als auch aus den Kelchblättern gebildet werden kann; fälschlicherweise auch als halbgefüllt bezeichnet

fiederspaltig
Blätter fiederförmig gespalten, Spalten ver-
laufen zum Mittelnerv des Blattes

Hypsometer
Höhenmessgerät

Indumentum
lat. indumentum = Hülle, im Zusammenhang mit Belaubung und da speziell bei
Rhododendron jede Form von Belag der
eigentlichen Cuticula, also Behaarung und
Bewollung bzw. Schuppen oder Schülfern

Kluppe
Gerät zum Messen des Stammdurchmes-
sers

luxurierend
lat. luxus = Üppigkeit, positiv abweichen-
de Eigenschaften von Unterarten, Varietä-
ten, Formen und Cultivare von der Art
(z. B. Größe, Vitalität, Farbe, Nutzungspa-
rameter)

pfriemförmig
Blätter starr und sehr schmal, am Grunde
am breitesten und von da allmählich in
feine Spitze verschmälert

Rhizom
Wurzelstock; unterirdisch oder an der Erd-
oberfläche wachsender, ausdauernder,
meist Wurzeln tragender Speicherspross

Schülfern
schuppenartig ausgebildete, meist strahlig,
schirmartig stehende Haare, die bei Rhododendron meist mit duftendem Wachs
beschichtet sind *(Rhod. dauricum)*

Spaltöffnungsbänder
dienen dem Gasaustausch

Tepalen
Bezeichnung für die einzelnen Blätter der
Blütenhülle, der Kronblätter

zweihäusig
männliche Pflanzen mit männlichen Blüten und weibliche Pflanzen mit weiblichen
Blüten vorkommend

Literaturverzeichnis/Quellen

Bouché, J. C. F.: Der königliche Schloßgarten zu Pillnitz. In: Mitteilungen des Landesvereins Sächsischer Heimatschutz 10 (1919), S. 252-261

Dutschmann, G.: Geschichte des Botanischen Gartens zu Dresden. In: Sitzungsberichte und Abhandlungen der Flora, 43/44 (1938/39) S. 26-77

Eiselt, M. G./Schröder, R.: Laubgehölze. Leipzig und Radebeul 1977

Erhardt, W./Götz, E./Bödeker, N./Seybold, S.: Zander - Handwörterbuch der Pflanzennamen. 16. Auflage, Stuttgart 2000

Fitschen, J.: Gehölzflora. Heidelberg und Wiesbaden 1987

Göritz, H.: Laub- und Nadelgehölze. 5. Aufl., Berlin 1986

Hartmann, H.-G.: Pillnitz - Schloß, Park und Dorf. Weimar 1984

Hartmann, H.-G.: Schloß Pillnitz. Dresden 1991

Helm, J.: Die Pillnitzer Centurienbände. In: Acta historica Leopoldina 3 (1965), S. 16 bis 49

Herrmann, M.: Auswahlverzeichnis von Unterlagen zu Wilhelm Weiße. Kamenz 1996

Kammeyer, H. F.: Die Nadelholzsammlung im Schloßgarten zu Pillnitz. In: Mitteilung der Deutschen dendrologischen Gesellschaft 2 (1926), S. 308-313

Kammeyer, H. F.: Der Pillnitzer Schloßpark und seine dendrologischen Schätze in Gehölzkunde und Landeskultur. Leipzig und Jena 1954

Kammeyer, H. F.: Der Schloßgarten zu Dresden - Pillnitz. Berlin 1957

Kammeyer, H.F.: Pillnitzer Lexikon. 2 Bde., Pillnitz 1957 (= masch.-schriftl. Manuskript in der Sächs. Landesbibliothek Dresden und in der Bibliothek der Sächs. Landesanstalt für Landwirtschaft)

Kammeyer, H. F.: Die zweihundertjährige Pillnitzer Kamelie. In: Natur und Heimat (1956), S. 113

Kammeyer, H. F.: Mammutbäume. Wittenberg 1960

Krüssmann, G.: Handbuch der Laubgehölzkunde. 2. Aufl., Berlin und Hamburg 1978

Krüssmann, G.: Handbuch der Nadelholzkunde. 2. Aufl., Berlin und Hamburg 1983

Lorenz, P.: Anzucht hochstämmiger Syringen und deren Verwendung. In: Möller's Deutsche Gärtner-Zeitung 17 (1902), S. 2-3

Naumann, A./Kniese, L.: Die Pillnitzer Pflanzenschätze. In: Berichte der Höheren Staatslehranstalt für Gartenbau zu Pillnitz (1922-25), S. 57-73

Neidhardt, H. J.: Schloß Pillnitz. Dresden 1987

Philip, C.: The RHS Plant Finder 1997
bis 1998. London 1997

Reichenbach, L.: Erinnerung an die Stun-
den der Muse Sr. Majestät des höchstseli-
gen Königs Friedrich August. In: Allg.
Deutsche Naturhist. Zeitung, Hamburg
1855, S. 1-29

Roloff, A./Bärtels, A.: Gartenflora, Bd. 1:
Gehölze. Stuttgart 1996

Sommer, S.: Zur Geschichte und Entwicklung einiger Gehölze im Schloßpark zu
Dresden-Pillnitz. In: Folia dendrologica 10
(1983), S. 245-280

Weise, H./Schmidt, S.: Pillnitz. Leipzig
1990

Bildnachweis

Boswank, Herbert, Dresden: Frontispiz
Gottschalk, Jürgen, Dresden: S. 12, 14, 18,
20, 21, 24, 29, 32, 37, 39, 40, 49, 51, 54, 58,
62, 67, 71, 78, 82, 88, 90, 91, 92, 96, 97, 102,
105, 107, 108
Puppe, Roland, Dresden: S. 110, 111

Anhang

Sächsische Schlösserverwaltung

im Landesamt für Finanzen
Stauffenbergallee 2, 01099 Dresden
Telefon (03 51) 8 27 46 32, Fax (03 51) 8 27 46 02
Internet: www.sachsen.de/schloesser

1 **Dresdner Zwinger**
Tel. (03 51) 4 91 46 01, Fax (03 51) 4 91 46 25

2 **Stallhof**
Tel. (03 51) 4 91 46 01, Fax (03 51) 4 91 46 25

3 **Brühlsche Terrasse/Kasematten**
Tel. (03 51) 4 91 46 01, Fax (03 51) 4 91 46 25

4 **Großer Garten**
Tel. (03 51) 4 45 66 00, Fax (03 51) 4 45 67 22

5 **Schlosspark Pillnitz**
Postanschrift für 1–5:
Staatliche Schlösser und Gärten Dresden
Schloss Pillnitz
Fliederhof/Kapellenflügel, 01326 Dresden
Tel. (03 51) 2 61 32 60, Fax (03 51) 2 61 32 80
www.schloesser-dresden.de

6 **Schloss Rammenau**
Am Schloss 4, 01877 Rammenau
Tel. (0 35 94) 70 35 59, Fax (0 35 94) 70 59 83

7 **Burg Stolpen**
Schlossstraße 10, 01833 Stolpen
Tel. (03 59 73) 2 34 10, Fax (03 59 73) 2 34 19
Internet: www.burg-stolpen.de

8 **Festung Königstein**
01824 Königstein
Tel. (03 50 21) 6 46 07, Fax (03 50 21) 6 46 09
Internet: www.festung-koenigstein.de

9 **Barockgarten Großsedlitz**
Parkstraße 85, 01809 Heidenau
Tel. (0 35 29) 5 63 90, Fax (0 35 29) 56 39 99

10 **Schloss Weesenstein**
Am Schlossberg 1, 01809 Müglitztal
Tel. (03 50 27) 54 36, Fax (03 50 27) 55 52
Internet: www.schloss-weesenstein.de

11 **Schloss Moritzburg**
01468 Moritzburg
Tel. (03 52 07) 87 30, Fax (03 52 07) 8 73 11

12 **Albrechtsburg Meissen**
Domplatz 1, 01662 Meißen
Tel. (0 35 21) 4 70 70, Fax (0 35 21) 47 07 11
Internet: www.albrechtsburg-meissen.de

13 **Schloss Nossen**

14 **Klosterpark Altzella**
01683 Nossen
Tel. (03 52 42) 5 04 30, Fax (03 52 42) 5 04 33

15 **Burg Mildenstein**
Burglehn 6, 04703 Leisnig
Tel. (03 43 21) 1 26 52, Fax (03 43 21) 5 15 37

16 **Burg Gnandstein**
04655 Gnandstein
Tel. (03 43 44) 6 13 09, Fax (03 43 44) 6 13 83

17 **Burg Kriebstein**
09648 Kriebstein
Tel. (03 43 27) 95 20, Fax (03 43 27) 9 52 22
Internet: www.burg-kriebstein.de

18 **Schloss Rochlitz**
Sörnziger Weg 1, 09306 Rochlitz
Tel. (0 37 37) 49 23 10, Fax (0 37 37) 49 23 12
Internet: www.schloss-rochlitz.de

19 **Burg Scharfenstein**
Schlossberg 1, 09435 Scharfenstein
Tel. (0 37 25) 7 07 20, Fax (0 37 25) 70 72 50
Internet: www.augustusburg-schloss.de

20 **Schloss Augustusburg**
09573 Augustusburg
Tel. (03 72 91) 38 00, Fax (03 72 91) 3 80 24
Internet: www.augustusburg-schloss.de

21 **Schloss und Park Lichtenwalde**
Schlossallee 1, 09577 Lichtenwalde
Tel. (03 72 91) 3800, Fax (03 72 91) 3 80 24
Internet: www.augustusburg-schloss.de

Sachsen-Anhalt

Torgau

14

Leipzig

Riesa

12

Meißen
Ra

15

16

17

13

18

14

Freiberg

21

4

Meerane

Chemnitz

Freistaat
Thüringen

Crimmitschau

Glauchau

20

Zwickau

19

Aue

Plauen

72

Freistaat
Bayern

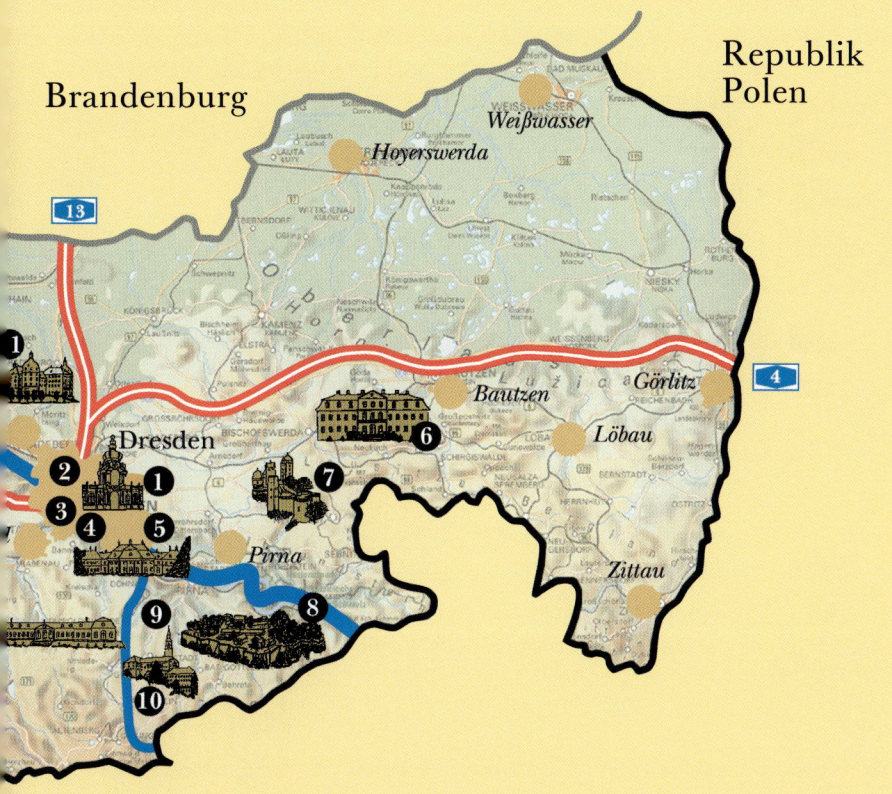

Brandenburg

Republik
Polen

Hoyerswerda

Weißwasser

Görlitz

Bautzen

Löbau

Dresden

Pirna

Zittau

Tschechische Republik

Freistaat Sachsen

Übersichtsplan

1. Teil: Lustgarten

2. Teil: Nadelgehölz-Garten

3. Teil: Englischer Garten

4. Teil: Holländischer und Chinesischer Garten,
Großer Schlossgarten

5. Teil: Heckengärten

6. Teil: Gehölze im Fährstück,
entlang der Elbseite des Schlosses
und im Fliederhof

Gebäude

Anfangs- und Endpunkt des Rundganges
vor der Besucherinformation »Alte Wache«